U0593277

中国—东盟研究

CHINA-ASEAN STUDIES

2019年第三辑（总第十一辑）

中国—东盟区域发展省部共建协同创新中心◎编

经济管理出版社
ECONOMY & MANAGEMENT PUBLISHING HOUSE

图书在版编目（CIP）数据

中国—东盟研究.2019年.第三辑/中国—东盟区域发展省部共建协同创新中心编.—北京：经济管理出版社，2019.12

ISBN 978 - 7 - 5096 - 6676 - 0

Ⅰ.①中…　Ⅱ.①中…　Ⅲ.①自由贸易区—区域经济发展—研究—中国、东南亚国家联盟　Ⅳ.①F752.733

中国版本图书馆 CIP 数据核字（2019）第 293433 号

组稿编辑：张巧梅
责任编辑：张巧梅　侯娅楠
责任印制：黄章平
责任校对：王纪慧

出版发行：经济管理出版社
　　　　　（北京市海淀区北蜂窝 8 号中雅大厦 A 座 11 层　100038）
网　　址：www.E - mp.com.cn
电　　话：（010）51915602
印　　刷：三河市延风印装有限公司
经　　销：新华书店
开　　本：720mm×1000mm/16
印　　张：12.5
字　　数：205 千字
版　　次：2019 年 12 月第 1 版　　2019 年 12 月第 1 次印刷
书　　号：ISBN 978 - 7 - 5096 - 6676 - 0
定　　价：68.00 元

《中国—东盟研究》编辑部

目录
CONTENTS

❖目 录

附 录

Contents

"The Belt and Road"

Regional Cooperation

Country Studies

Appendix

"一带一路"
"The Belt and Road"

"一带一路"背景下文化对外传播新机遇与建设面向东盟国家的离岸文化中心

伍 庆

【摘要】"一带一路"背景下，国外民众对中华文化的需求更加强烈，文化交流合作的机制更加健全，合作网络更加广泛，海外平台发挥了积极作用，交流活动也丰富多彩，中华文化对外传播面临着新的机遇。在全球化的推动下，离岸文化中心在吸收融合外来文化内容，强化对外传播效果等方面具有明显特征。中国与东盟国家文化交流历史悠久，自贸区建设成效显著，文化合作氛围浓郁，已有部分文化产品获得热烈反响。面向东盟国家建设离岸文化中心有着良好的条件，对于加强我国与"一带一路"沿线国家尤其是东盟国家之间的文化交流合作，促进民心相通，有着积极的意义。

【关键词】"一带一路"；离岸文化中心；文化对外传播；东盟

【基金项目】国家社科基金项目"全球化背景下离岸文化中心与中国文化软实力研究"（16BKS66）。

【作者简介】伍庆，广州市社会科学院国际问题研究所所长，研究员，中山大学哲学博士。

"一带一路"倡议是我国统筹国内国际两个大局，着眼实现"两个一百年"奋斗目标和中华民族伟大复兴的中国梦做出的重大战略决策。在建设"一带一路"的进程中，要坚持文化先行，不断深化与"一带一路"沿线国家的文化交流与合作，促进民心相通，实现共同发展。①

一、"一带一路"背景下文化对外传播的新机遇

"一带一路"的建设带动了沿线国家民众对中国商品和文化日益强烈的需求。随着中国对外开放程度的不断加深和"一带一路"建设的稳步推进，文化交流与合作也逐步确立了更加健全的保障机制、更加广泛的合作网络、更加坚实的海外平台和更加丰富的活动内容，为中国与沿线国家进一步开展文化交流合作提供良好的发展机遇。

（一）创造更强烈的需求

"一带一路"建设的推进，为中国赢得越来越多的海外关注，进一步提升了我国的国际影响力和中华文化的吸引力，也激发越来越多的外国民众前往中国学习或旅游。许多国家对我国文化产品和文化服务的需求也在不断增长，为中国与"一带一路"沿线国家文化交流与合作创造了更强烈的需求。

随着"一带一路"的不断推进，中国与沿线国家的经贸文化合作日益密切，汉语越来越受到相关国家的重视，越来越多的海外受众对中华文化产生了浓厚兴趣，并渴望通过学习中文深入了解中国文化。"一带一路"沿线国家，乃至全球范围内，正在掀起一股学习汉语的热潮。据国家汉办统计，目前海外约有1.5亿人在学习汉语，许多国家汉语学习的人数以每年50%甚至更高的速度增长。与此同时，越来越多的学校将中文纳入学习课程，甚至将中文作为国家考试体系的内容，如俄罗斯计划在2020年将汉语作为外语科目纳入国家统一考试体系。中国文化与世界各国的交流与合作面临着前所未有的发展机遇和空间，沿线国家民众通过学习汉语和中国文化，提升了认识中国发展成就、理解中国发展模式的能力，为"一带一路"建设提供了积极有力的文化保障。

---

① 蔡武：《坚持文化先行建设"一带一路"》，《求是》2014年第9期，第44-46页。

（二）形成更健全的机制

"一带一路"倡议提供了合作共赢的框架，为文化交流合作奠定了更坚实的制度基础和更健全的机制保障。"一带一路"的建设是一个漫长曲折的历史进程，需要不同国家的长期合作，因此必须走机制化的合作之路，以确保合作的长期稳定。自"一带一路"倡议提出以来，沿线国家国际合作机制化水平不断提升。尤其是在文化领域，中国本着开放和透明的原则，积极与"一带一路"沿线国家开展对话达成协议，文化交流与合作机制日益完善，合作内容更加丰富多元，沿线各国高层交往更加密切，民间文化交流稳步推进，各国民众认同持续增强。

在政府层面，截至 2016 年底，我国已与全部"一带一路"沿线国家签订了政府间文化交流合作协定、执行计划及互设文化中心协定；与 24 个沿线国家签订学历学位互认协议；23 国文化部长或代表受邀出席丝绸之路文化部长圆桌会议，《敦煌宣言》获得通过，"一带一路"文化交流与合作机制化建设迈上了新台阶。[①] 中国也积极与各国充分利用并深化现有合作机制，继续完善双边、多边、区域合作机制。目前已建立一系列的国际人文交流会议机制，包括上海合作组织成员国文化部长会晤、中美人文交流高层磋商、中俄人文合作委员会、中法和中英高级别人文交流机制、亚欧会议文化部长会议、中日韩文化部长会议、中国—东盟文化部长会议等，以及中欧文明对话会、中国—东盟文化论坛等国际性论坛活动。在这些文化交流会议和论坛的推动下，中外双边、多边文化交流与合作成果丰硕，"一带一路"文化交流合作机制化、体制化水平全面快速平稳提升，有效促进了中外文化领域的全面合作。

（三）建立更完善的网络

构建和完善文化交流合作网络是推动"一带一路"倡议实施的重要举措，文化部门积极推动与"一带一路"相关国家的文化机构共同建立合作

---

① 韩业庭：《以文化为媒　促合作交流——"一带一路"人文交流与合作取得新进展》，《光明日报》，2017 年 4 月 4 日。

联盟，包括丝绸之路国际剧院联盟、丝绸之路国际博物馆联盟、丝绸之路国际艺术节联盟、丝绸之路国际图书馆联盟和丝绸之路国际美术馆联盟等，① 密切文化机构的联系与合作，推动"一带一路"沿线国家之间的文化交流与合作更加深化。

丝绸之路国际剧院联盟是由中国对外文化集团公司倡议发起的大型多边性国际化演艺产业平台，于 2016 年 10 月成立，首批共有来自中国、美国、英国、法国、俄罗斯等 21 个国家和地区及 2 个国际组织的 56 家成员单位加盟，该联盟旨在提升各成员所在国家和地区的文化艺术水平，为推进区域文化艺术合作做出积极贡献。剧院联盟总部于 2018 年落户北京，已在全球拥有包括 32 个国家和地区的主流剧院、文化机构、知名演出团体以及 2 个国际组织在内的 86 家成员单位，包括综合性文化艺术中心如乌克兰国家大剧院、匈牙利布达佩斯艺术宫，专业性剧院如俄罗斯圣彼得堡国家卡贝拉音乐厅、立陶宛国家话剧院，还有机构组织如法国国立剧院联盟等。② 联盟拥有丰富的国际演艺资源，以开放、包容、共商、共建、共享为行动纲领，推动优质文化资源共享合作开发，积极为"一带一路"沿线国家的文化交流构建联结世界。

丝绸之路国际博物馆联盟于 2017 年 5 月由中国博物馆协会丝绸之路沿线博物馆专业委员会，联合国际丝绸之路研究联盟和丝绸之路国际博物馆友好联盟等组织共同发起。在此之前，来自丝路沿线 14 个国家的 59 家博物馆已于 2016 年 9 月共聚西安，发布了《丝绸之路国际博物馆友好联盟西安宣言》，为丝绸之路国际博物馆联盟奠定了基础。联盟致力于推动"一带一路"沿线地区国家博物馆的合作，探索在丝绸之路沿线国家和地区开展文化遗产领域的合作，加强各博物馆与相关国际机构和组织之间的联系与合作，促进博物馆事业的发展。

丝绸之路国际艺术节联盟的前身是 2015 年 10 月中国上海国际艺术节与捷克布拉格之春音乐节、以色列艺术节等共同发起的"一带一路"艺术节合作网络，吸引了来自 18 个国家和地区的 22 个艺术节和机构参加，在

---

① 国务院新闻办公室、文化部：《"一带一路"文化发展行动计划》，中国网，2017 年 10 月 2 日，http://www.scio.gov.cn/31773/35507/35519/Document/1538864/1538864.htm，登录时间：2019 年 9 月 22 日。

② 张婷：《五大联盟：推动"一带一路"文化交流合作机制化》，《中国文化报》，2017 年 5 月 15 日。

各合作网络成员的推动下，已经达成多项双边合作协议，其中中国原创优秀节目"走出去"演出合作意向 80 多个。2017 年 10 月 20 日，在艺术节合作网络的基础上，"丝绸之路国际艺术节联盟"在上海正式成立，共有 32 个国家和地区的 124 个艺术节和机构加入该联盟。联盟将定期举办论坛、培训、专业研讨会等学术交流活动，大力培育艺术创作、管理人才，为艺术作品的交流展演、合作制作、人员互通和其他经营领域的合作创造条件，为参与"一带一路"艺术领域的国际合作提供了更丰富的机会和更广阔的空间。

图书馆是承载历史记忆，保护和发展文化典籍的重要场所，也是文化交流的重要基地。2018 年 5 月 28 日，丝绸之路国际图书馆联盟在成都宣布成立，联合丝绸之路沿线国家图书馆，逐步建立起沿线各国图书馆之间的定期交流互访与战略合作机制。各国图书馆将在文献信息资源的共建共知共享、区域珍贵历史文明成果的保护与研究、数字图书馆建设、专业技术人才培养、学术交流与业务培训等领域开展广泛深入合作，推动沿线各国图书馆事业共同进步。各国图书馆可以在联盟的框架下充分利用数字化的技术和手段，促进各国之间的文献交流与文化资源的合作共享，共同搭建图书馆领域文化资源的共享平台。

中国美术馆一直着力推进与"一带一路"沿线国家美术领域的交往合作，2018 年 6 月 19 日，丝绸之路国际美术馆联盟成立仪式在中国美术馆举行。目前，中国美术馆已与俄罗斯艺术科学院等多个国际美术馆签署合作协议，建立了馆际展览、人员和学术交流机制。丝绸之路国际美术馆联盟致力于推动美术馆领域学术和人员交流，通过建立完善的交流协调机制、开展丰富的交流活动，促进不同文化间的对话与合作，为"一带一路"沿线及更多国家的互信理解与民心相通做出努力。

中国将以这些合作联盟为抓手，将文化交流合作网络推向更广阔、更全面的新阶段。合作联盟将为机制化、网络化推动和延伸"一带一路"文化交流与合作提供坚实保障，使文化"走出去"项目能够有更宽广的网络，延伸到更多国家，影响更多人群，实现文化艺术资源的更充分利用和更深入交流；也为中外艺术团体和机构实现信息共享，推动文化资源流通，切实增强各国文化交流互鉴创造条件。

（四）打造更坚实的平台

海外中国文化中心是中国对外文化交流合作的重要平台，已建成及正在筹建的海外中国文化中心在海外积极开展各种文化交流活动，为国外民众了解中国文化提供了机会。在"一带一路"背景下，海外中国文化中心成为一个个各具特色的窗口，为我国与世界各国不断探索新的合作模式，开展对外文化交流搭建了新的平台。

海外中国文化中心用国际化语汇讲述中国故事、传播中国文化、展示中国形象，使驻在国人民有机会真实感受中国的历史文化传统与当代伟大成就，提升外国民众对中国的认知与认同。从 1988 年启动建设至 2018 年底，我国已在海外设立了 37 个中国文化中心，覆盖五大洲的海外中国文化中心全球网络初步形成。2018 年，海外中国文化中心举办近 3300 场活动，平均每个文化中心举办活动近百场，直接受众达 800 余万人次，让当地民众零距离感受中国文化，全方位了解中国改革开放以来在经济、政治、文化、社会、生态等方面所取得的伟大成就。预计到 2020 年，海外中国文化中心总数将达到 50 个以上。此外，文化部也探索调动和发挥省（区、市）的地方力量参与海外中国文化中心建设，部省共建的模式也为探索海外中国文化中心的多模式发展提供了更多的选择。海外中国文化中心与当地政府合作开展的各项活动既丰富了我国文化"走出去"的内容与形式，也为中外民间文化交流合作提供了重要平台，以思想交流推动多元文明互鉴，以窗口效应传扬丝绸之路精神，在中外文明对话中起到了桥梁作用。

（五）举办更丰富的活动

在深入挖掘沿线各国人文资源与优良传统的基础上，一系列丰富多彩的文化交流活动正如火如荼地开展。拓展文化交流合作的内涵与形式，开创文化交流合作新局面，从而在平等双向互动中更好地构筑互利合作的基础。近年来，中国与"一带一路"沿线各国签署政府间文化交流合作协定及各类执行计划，民间交流密切、合作内容丰富，文化年、艺术节、电影周和旅游推介等多种形式的文化活动频繁登场，品牌效应日益增强。借助海外中国文化中心、丝绸之路国际艺术节（西安）、海上丝绸之路国际艺术节（泉州）、丝绸之路（敦煌）国际文化博览会等平台，打造欢乐春节、丝绸之路文化之旅、丝绸之路文化使者、"一带一路"艺术创作扶持计划、"一带一路"文化遗产长廊建设计划等品牌活动，中国与沿线国家文化交流内容形式与合作水平迅速深化。值得一提的是，我国的"欢乐春节"每年都在世界的几百座城市开展上千项活动，已成为覆盖面最广、参与人数最多的中外文化交流项目。2019 年正值中华人民共和国成立 70 周年和澳门回归祖国 20 周年，"欢乐春节"在 133 个国家和地区的 396 座城市中陆续开展了 1500 余场活动，包括中国特色的庙会、演出、展览、巡游以及论坛等多种形式，让更多国家的民众了解中国传统节日春节的内涵和魅力。

丰富的活动内容与形式使得中国与沿线各国之间的文化交流与合作更加充实，有力引导和推动了中外文化交流活动的广泛开展，满足了各国人民多层次的精神文化需求。沿线国家人民对中国优秀文化的兴趣也不断提升，参与各类文化交流活动的热情日益高涨，逐步加深了对"一带一路"倡议和构建"人类命运共同体"理念的认同。

二、离岸文化中心作为文化传播新形态的特征

随着全球化的深化，文化的消费、生产和传播国际化程度不断提高，文化产品和其本土起源的关系出现了新变化。英格利斯认为文化全球化的重要特征就是去地域化，本土不再是文化从属特定地方的主要决定因素，文化现象可以移植或生根于距其发源地千里之外的地方①。在这种条件下，开发利用本地乃至本国以外的文化资源生产文化产品，再投向国际市场的离岸文化中心开始兴起。这种新文化对外传播模式在未来的国际文化交流合作中将起到非常积极的作用。

（一）离岸文化中心作为文化对外传播的创新模式

离岸文化中心作为国际文化交流合作的新模式，最重要的特征就是开发利用非本地或本国的异文化资源，同时销往国外市场。离岸文化中心利用国外文化资源的程度以及开发国外市场的广度有所不同，因此也有相应

---

① 英格利斯：《文化与日常生活》，中央编译出版社 2010 年版，第 152 页。

不同的形态。

最初的离岸文化中心只是单纯地利用国外文化元素,主要面向国内市场生产具有国外文化资源的产品。例如日本与中国文化交流历史悠久,中国的三国演义故事在日本得到广泛传播,文化创作者和厂商由此开发利用三国文化元素生产了多种文化产品,包括小说、漫画、动画、电子游戏等产品,返回中国国内也受到中国消费者的欢迎。

也有的离岸文化中心凭借发达的文化产业,主动面向特定国际市场,利用国外文化资源生产的文化产品,并以外销国外市场为主。如美国佛罗里达州聚集了很多来自拉美国家的移民,佛罗里达州第二大城市迈阿密与拉美地区的经贸联系也非常密切,逐渐吸引了很多跨国企业的拉美地区总部,也聚集了大量生产西班牙语音乐、影视产品的文化企业,并发展成为主要面向拉丁美洲市场的文化产品制作和传播中心。[①]

最成功的离岸文化中心当属美国好莱坞,美国好莱坞不再局限于合作开发特定国家的市场或资源,而是能够统筹开发世界范围内不同国家的文化资源,制作了大量的电影电视、流行音乐等文化商品,例如利用苏格兰独立英雄的历史故事制作的《勇敢的心》,在关于花木兰的中国古代民间故事基础上制作的动画片《花木兰》,等等。同时好莱坞公司具有强大的市场能力,跨越多种语言和文化的障碍,满足多个不同国家市场的需求,销往多个国家市场,形成了面向全球市场的离岸文化中心。[②]

(二)离岸文化中心模式的形式特征

从形式来看,离岸文化中心最明显的特征就是开发利用资源和市场"两头在外"。这也是与离岸金融中心的相似之处,但是离岸金融中心处理的是具有抽象价值的外国货币,而离岸文化中心处理的是具有丰富内涵的外国文化资源。

离岸文化中心吸收和利用非本地、非本国的文化资源和要素,面向的是国际文化市场,生产出满足外国市场需求的产品(同时也面向国内市

---

① Toby Miller 等:《文化政策》,蒋淑贞、冯建三译,巨流图书公司 2006 年版,第 124 页。
② 伍庆:《21 世纪海上丝绸之路背景下建设面向东南亚的离岸文化中心研究》,《学术论坛》2015 年第 7 期,第 127 – 132 页。

场，但是海外市场所占比重更大）。离岸文化中心在这个过程中具有主导作用，并不是被动地接受国外市场的订单，而是针对国际市场的需求主动策划创作文化产品，并根据实际需要吸收和利用外来文化资源，在开发利用国际文化资源和市场上更具有主动性。因此，只有具备强大的文化生产能力，包括国际文化资源开发、文化产品创作、文化市场推广的能力，才有可能成为离岸文化中心。

（三）离岸文化中心的内容特征

从内容来看，离岸文化中心具有双重"跨文化"的特征，即在产品生产环节开发利用国外文化资源需要"跨文化"的吸收，在面对国际市场推广销售文化产品环节，还需要"跨文化"的传播。在普通的文化贸易中，主要是以本国文化资源为基础，生产创作满足本国市场需求的文化产品，在向国际市场进行传播时，仅仅是产品推广销售阶段的"跨文化"。离岸文化中心的特殊性在于它利用的文化资源也来自国外，因此在文化产品的设计创作生产阶段也需要"跨文化"，对于开发利用国际文化资源的要求相对较高，从而有着双重的"跨文化"。

世界各国文化丰富多样、各具特色，这也使得离岸文化中心需要克服的困难更多，包括语言的理解障碍、沟通中受众文化心理的差异等。因此，离岸文化中心并不是简单地对国外文化资源进行翻译，而要根据自己的文化优势和特长进行改编和再创作。如果能够克服文化沟通中的障碍因素，在开发国际文化资源时，结合自己的文化特点，形成独具特色的文化产品，使得各国丰富的文化资源以多样化的表现形式保持着生机和活力，并能传播到更广泛的地区，这恰恰就是离岸文化中心的重要价值和意义。

离岸文化中心开发和利用非本地、非本国的文化资源，面向外地、外国市场需求生产出独特的文化产品，以特殊的形式实现文化的传播和交流，可以将其看作是资源开发和市场开拓相结合的文化对外传播新模式。在"一带一路"背景下，把握文化对外传播的新机遇，建设离岸文化中心，对于推动文化交流合作，促进中国与"一带一路"广大沿线国家的民心相通，有着积极的作用。

三、面向东盟国家建设离岸文化中心推进"一带一路"

东盟国家与我国文化相近，经贸往来密切，中国—东盟自贸区建设取得了显著成效，东盟也是建设"一带一路"的重要合作区域。由于具备众多的有利条件，东盟国家是我国开展国际文化交流合作的重点地区，也是最适合作为建设离岸文化中心的对象地区。

（一）文化交流历史悠久，华侨华人纽带作用突出

由于地理上相近，中国与东南亚地区的国家很早就开始了交往。据中国史籍记载，中国与东南亚的文化交流历史可以追溯到汉代，迄今已有2000多年的历史。明朝时期郑和七次下西洋，经过最多、交往最频繁的就是东南亚地区的国家，为双方的友谊与交流烙下深刻的印记。在官方领域，历史上很多东南亚地区政权的官方使团都曾访问过中国，从13世纪到16世纪，泰国阿瑜陀耶国王、渤泥（今文莱）苏丹、马六甲王国（在今马来西亚）国王、苏禄（在今菲律宾南部）王等都曾率使团访问过中国，为中国与东南亚地区的交流留下许多佳话。[①]

在民间领域，唐宋以后，由于社会历史因素，中国东南沿海的很多居民凭借地缘相近的有利条件，逐渐开始移居东南亚地区，大量的华人移民带去了中国文化，为促进中国与东南亚地区的文化交流做出了积极贡献。随着华人移民的不断增多，很多中国古典文学作品开始被翻译成东南亚各国文字，《三国演义》早在1802年就被引进泰国翻译成泰文，开泰国白话文散文体小说之先河，后来相继被译为爪哇文、马来—印度尼西亚文、越南文等。[②] 东南亚其他国家的华人移民也纷纷使用当地语言翻译改写中国四大名著以及其他经典文献作品，并在当地广泛流传。清末民初大量华人移民东南亚，中华文化也逐渐在当地生根发芽，华侨在逐渐融入当地，与各族群融洽聚居的同时，创造了既具有华人文化特色，又融入区域文化特

---

① 贺圣达：《加强中国与东南亚的文化合作》，《东南亚》1997年第3期，第1-5页。
② 林金枝：《近代华侨在东南亚传播中华文化中的作用》，《南洋问题研究》1990年第2期，第8-15页。

点的独特文化景观，有些甚至被当地居民当成是本土民族文化的一部分，从而形成了东南亚国家文化的多样性，为中国与东南亚国家进一步开展文化交流合作奠定了坚实的历史与文化基础。

（二）自贸区建设成效显著，经贸合作不断深化

在经济全球化的大背景下，区域经济一体化也在同步深入推进。中国与东盟国家产业结构各有特点，且互补性较强，具有较大的合作潜力。2010 年 1 月 1 日，中国—东盟自由贸易区正式全面启动。中国—东盟自由贸易区是世界上人口最多的自由贸易区，也是由发展中国家组成的最大自由贸易区，双方经贸领域的合作不断深化。中国已连续 10 年成为东盟第一大贸易伙伴，2019 年上半年，东盟已上升为中国第二大贸易伙伴。东盟已经成为中国企业在国外投资的主要目的地之一，中方企业在东盟累计投资突破 1000 亿美元，建设了 25 个经贸合作区，为当地创造 10 多万个工作岗位。[①]

中国—东盟自由贸易区升级《议定书》已经签署并生效，将为双方经贸关系发展注入新动力，中国与东盟的文化产业合作也迎来了前所未有的宝贵机遇。2010 年以来，我国相继出台了《文化产业振兴规划》《文化部关于加快文化产业发展的指导意见》《文化产业投资指导目录》和《中国—东盟区域文化产业发展合作计划》，为推动中国—东盟文化产业合作提供了政策依据。从东盟内部来看，各国政府均逐渐开始重视文化产业发展，积极推动产业结构调整升级，文化产业成为产业发展新战略的重点之一。中国—东盟自由贸易区的建设和推进为面向东盟国家建设离岸文化中心，加强文化产业的合作，提供了有力的政策支持。

（三）政策文件陆续签订，文化合作氛围浓郁

随着中国与东南亚国家之间全面加强合作关系，战略互信不断提升，

---

① 韩正：《共建"一带一路"　共绘合作愿景　携手打造更高水平的中国—东盟战略伙伴关系——在第 16 届中国—东盟博览会和中国—东盟商务与投资峰会开幕大会上的致辞》，新华社，2019 年 9 月 21 日。

2003 年，中国与东盟签署了《中国—东盟战略伙伴关系联合宣言》，中国成为东盟的第一个战略伙伴。2018 年 11 月《中国—东盟战略伙伴关系2030 年愿景》正式发布，为中国—东盟关系中长期发展描绘了蓝图。"一带一路"倡议提出后，东盟国家积极响应，东盟十国都与中国签署了共建"一带一路"合作文件，为开展文化交流合作打下了稳固的政治基础。

在建设"一带一路"的新时期，人文交流已成为中国—东盟关系的三大支柱之一。在中国与东盟开展全面合作的进程中，官方往来不断加强，文化交流与合作的程度也不断深化，中国与东盟国家一系列的文化合作协议相继签署。2005 年 8 月，第二届"东盟与中日韩"10 + 3 文化部长会议期间正式签署了《中国与东盟文化合作谅解备忘录》，这是中国与区域组织签署的第一个有关文化交流与合作的官方文件，确立了双方文化合作框架。2005 年 12 月，在第九次中国—东盟领导人会议上，文化领域被确定为新的五大重点合作领域之一。2012 年，首届中国—东盟文化部长会议在新加坡举行，规划了文化合作方向。2014 年，第二届中国—东盟文化部长会议签署《中国—东盟文化合作行动计划（2014～2018）》，标志着双方文化交流合作进入全方位发展阶段。在《落实中国—东盟面向和平与繁荣的战略伙伴关系联合宣言的行动计划（2016～2020）》中，专门有加强文化合作的内容。中国还先后与东盟各国签署了政府间文化合作协定以及与文化相关的旅游、版权、影视等众多领域的合作协定。① 2006 年以来，中国与东盟已经连续成功举办了中国东盟文化产业论坛，并以论坛为平台，相继签署了《南宁宣言》《中国—东盟文化合作谅解备忘录》和《中国—东盟文化产业互动计划》等多个积极推动中国和东盟文化产业发展的文件。双方还成功举办了中国—东盟科技合作年、文化交流年、海洋合作年、教育交流年等。东盟已成为中国第一大旅游目的地，2018 年双方人员往来达到 5700 万人次，每周有近 4000 个航班往返于中国和东盟国家之间。② 在"一带一路"建设的新时期，中国与东盟国家之间的文化交流合作层次不断提升，也为建设面向东盟的离岸文化中心提供了良好的氛围。

---

① 李红等：《国际文化合作的经济分析——以中国—东盟区域为例》，中国社会科学出版社2012 年版，第 56－57 页。
② 韩正：《共建"一带一路" 共绘合作愿景 携手打造更高水平的中国—东盟战略伙伴关系——在第 16 届中国—东盟博览会和中国—东盟商务与投资峰会开幕大会上的致辞》，新华社，2019 年 9 月 21 日。

（四）来华留学人员位居前列，文化交流人力资源充沛

"一带一路"倡议提出以来，中国对世界各地留学生的吸引力不断增强，中国政府奖学金、孔子学院奖学金、中国各省市政府奖学金、院校奖学金等都为东南亚乃至世界各国的学子留学中国创造了良好条件，世界各国来华留学生的生源国有了新变化，沿线国家的来华留学生不断增加。

近年来，我国不断深化与东盟国家的教育合作，双方互派留学生接近20万人次，仅广西就与东盟各国近200所院校建立了合作关系。2016年是中国—东盟教育交流年，中国与东盟国家以"教育优先、共圆梦想"为主题，开展了近300项丰富多彩的交流活动。教育部数据显示，2018年，共有来自196个国家和地区的49万多名各类外国留学人员，按国别计算，东盟国家占了前十五位国家中的5个，其中，第二位为泰国，28608人，第七位为印度尼西亚，15050人，第八位为老挝，14645人，第十一位为越南，11299人，第十四位为马来西亚，9479人，充分显示了中国与东盟国家教育合作的突出成绩。① 东盟各国众多的留学生和世界各地更多的青年人一道共同近距离体验中国的文化和思想，成为国家战略人才储备的重要渠道，为进一步深化教育以及更广泛人文领域的交流，开展离岸文化生产创造了有利的人力资源条件，也有利于鼓励更多青年人才投入到"一带一路"各领域工作中，为建设"一带一路"做出积极贡献。

（五）文化产品反响热烈，产业合作探索前行

在文化交流中，中国的很多文化产品以各种形式输出到东盟国家，并得到良好的反响。中国文化部门面向越、老、缅、泰等国出版的外文刊物《湄公河》《莲花》《吉祥》等，发行多年来受到广泛欢迎。② 近年来，中国的一些影视作品质量提高，输出到东盟国家后，因为文化背景相近，当

---

① 中华人民共和国教育部：《2018年来华留学统计》，中华人民共和国教育部门户网站，2019年9月22日，http://www.moe.gov.cn/jyb_xwfb/gzdt_gzdt/s5987/201904/t20190412_377692.html，登录时间：2019年9月22日。
② 黄耀东：《中国—东盟文化交流与合作可行性研究》，《学术论坛》2014年第11期，第137－142页。

地观众更容易、更乐意接受，因此受到广泛欢迎。2004 年 7 月，菲律宾电视台播出的首部中国电视剧《男才女貌》吸引了众多观众。《三国演义》《雍正王朝》《成吉思汗》等历史电视剧，有着丰富的内涵，在马来西亚的国营电视台播放时配有马来文字幕，受到当地观众的欢迎。[1] 从这些中国的电视剧在东盟国家的反响来看，双方文化产业合作的潜力非常大。

　　凭借文化相近的优势，我国与东盟国家开展文化产业合作也具备了良好基础，尤其是部分地区开展了具有离岸文化生产性质的合作。例如，云南文投集团充分发挥我国山水实景演出领域的优势，与柬埔寨当地企业合作，充分发掘吴哥窟的历史和文化元素，结合现代手法表现吴哥文化中最具代表性的文化意象和元素，创作了反映柬埔寨历史文化特色的大型歌舞剧《吴哥的微笑》，公演之后受到观众好评，并于 2012 年被评为"文化出口重点项目"。在文化产业广泛合作的基础上，也为将来更多种形式的离岸文化生产积累了经验，有助于我国借助文化产业理念、技术、人才的优势，与东南亚各国合作开发文化资源，生产优秀的文化产品。

　　东盟国家是"一带一路"建设的重点地区，在"一带一路"背景下，把握文化对外传播的新机遇，充分利用中国与东盟合作的有利条件，探索建设离岸文化中心，一定能更有效地加强双方的文化交流与产业合作，促进民心相通，为推进"一带一路"建设做出更加积极的贡献。

New Opportunities for Cultural External Communication under "the Belt and Road" Initiative and the Construction of Offshore Cultural Center for ASEAN Countries

Wu Qing

Abstract　After "the Belt and Road" Initiative, the demand for Chinese

---

[1] 李法宝：《从"文化折扣"看中国电视剧在东南亚的传播》，《中国电视》2013 年第 8 期，第 83 - 87 页。

culture by foreign people is growing significantly. The mechanism, networking, platform and activities of cultural exchange have been improved greatly, and new opportunities emerged in the external communication of Chinese culture. With the impetus of globalization, the Offshore Cultural Center has obvious advantages in integrating foreign cultural content and strengthening the effect of external communication. The cultural exchanges between China and the ASEAN countries have a long history, the construction of the free trade zone has achieved remarkable results, and some cultural products have already received enthusiastic response. Therefore, constructing Offshore Cultural Center for ASEAN countries has positive conditions and significance for strengthening cultural cooperation between China and the relevant countries, and for promoting the commonwealth of the people as well.

Key Words　"The Belt and Road" Initiative; Off – shore Cultural Center; Cultural External Communication; ASEAN

Author　Wu Qing, Professor, Ph. D. , director of the Institute of International Studies of the Guangzhou Academy of Social Sciences.

"一带一路"背景下的中国—东盟蓝碳合作

贺　鉴　　王筱寒

【摘要】在全球气候变暖问题日益严峻的情况下，温室气体减排和低碳发展对人类可持续发展意义非凡。蓝色碳汇潜力巨大，是世界上最大的碳库。相较于森林碳汇，蓝色碳汇拥有更多优势。目前，中国政府正以蓝碳合作为重点，引领"一带一路"相关国家共同加强海洋合作，治理国际环境。随着"一带一路"倡议的不断深化，中国和东盟在蓝碳合作方面拥有良好的合作基础，但也存在着一系列限制因素。因此，中国和东盟应该通过深化蓝碳合作机制和政策沟通、加强次区域蓝碳合作、完善蓝碳市场交易合作和蓝碳产业链等方式，催生中国与东盟地区的新型业态发展，推动"海洋命运共同体"的建构以及"21世纪海上丝绸之路"取得新进展。

【关键词】"一带一路"倡议；蓝色碳汇；全球环境治理；蓝碳合作

【基金项目】教育部人文社科重大攻关招标课题"新时期中国海洋战略研究"（13JZD041）；国家社会科学基金专项"新时代中国特色社会主义思想引领下的海洋强国建设方略研究"（18VSJ067）。

【作者简介】贺鉴，中国海洋大学海洋发展研究院，高级研究员，教授；
　　　　　　王筱寒，中国海洋大学国际事务与公共管理学院，硕士研究生。

　　"蓝色碳汇"（以下简称"蓝碳"）也被称为"海洋碳汇"，是指海洋这个巨大的碳库通过海洋活动及海洋生物来吸收大气中的二氧化碳，并将其固定在海洋中的过程、活动和机制。① 海洋每年都可以循环大气中约 900 亿吨的二氧化碳，并且可以吸收大气中 1/3 的二氧化碳，优势明显。蓝色碳汇相较于森林碳汇、草地碳汇和耕地碳汇来说潜力更加巨大，储藏量也更为丰富，是地球上最大的碳库。联合国在 2009 年发布的有关报告中确认了海洋在碳循环和环境变化过程中的重要作用，"蓝碳"开始逐步得到认可并受到重视。蓝色碳汇方面的合作构成了海洋合作的重要部分，在"一带一路"倡议取得丰硕成果的背景下，在中国和东盟不断推进"一带一路"相关合作的情况下，中国应积极与东盟在蓝碳方面展开合作，共同推进全球海洋环境治理，构建崭新的"海洋命运共同体"。

一、蓝碳发展及中国—东盟蓝碳合作的必要性

由于人类活动对环境造成了极大的破坏，大气中温室气体尤其是二氧化碳的浓度不断升高，在一定程度上使得全球气温不断升高。全球气温不断升高会产生诸多发展问题并对人类造成危害，为了更好地促进人类可持续发展和应对环境治理危机，中国目前已经采取了诸多减排举措，其中就包括开展海洋碳汇的相关研究，将蓝碳纳入《"一带一路"建设海上合作设想》。② 蓝色碳汇功能较其他碳汇来说优势更加明显，发展蓝碳以及进行蓝碳合作对合作双方是一项双赢的工作。不仅有利于环境治理，合作双方在经济、政治方面还可以获得可观的收益。在海洋问题日益严重、低碳发展需求较大以及蓝碳发展面临重重威胁的情况下，为了尽快实现蓝碳可持续发展，使其作为抓手推动"一带一路"倡议下的海上合作，中国应与东盟携手，共同应对海洋环境和气候治理危机，加强海洋合作。

（一）蓝色碳汇功能

众所周知，碳是地球上最为重要的生命元素，我们人类身体的主要组

---

① 裘婉飞：《蓝色碳汇的思考与展望》，《中国海洋报》，2018 年 1 月 17 日。
② 中国国家海洋局战略规划与经济司：《加强国际合作　促进蓝碳发展——2017 蓝碳国际论坛专家报告摘要》，《中国海洋报》，2017 年 11 月 9 日。

成部分也是碳，地球上生命系统新陈代谢过程离不开碳的正常循环。[①] 而碳汇的主要功能就是将太阳能转变为地球上一切生命和生态系统所需的能量，维持着生命的进化。"蓝碳"的概念源于 2009 年联合国环境规划署发布的一份报告，[②] 报告中明确提出了蓝碳对于环境保护和气候变化的重要性。蓝色碳汇对于减排节能的重要性不言而喻，整个海洋生态系统都对吸收循环二氧化碳起着十分重要的作用，尤其是大家熟悉的海洋生物也在固碳、储碳方面发挥着重要的作用。藻类、各种各样的贝壳生物都可以通过光合作用等方式来获取海洋中的碳，中国每年通过养殖藻类和贝壳类等生物，向海洋输出 180 多万吨碳。[③] 发展海洋碳汇并且与重要国家、地区、国际组织进行合作，不仅对于改善气候问题具有重要意义，更对中国"21 世纪海上丝绸之路"的建设具有重要意义。

发展海洋碳汇已经成为落实《联合国气候变化公约》和《保护生物多样性公约》等国际公约、保护生态环境的重要举措。我国在《生态文明体制改革总体方案》中明确提出：要建立海洋碳汇的有效机制并拓展蓝色经济空间。[④] 发展蓝碳并拓展蓝碳空间目前已经成为全球保护环境所需要共同采取的行动，各国也在不断为发展蓝碳而努力。

（二）中国—东盟蓝碳合作必要性

1. 蓝碳发展面临威胁

蓝碳这一概念所涵盖的范围十分宽广，主要包括海岸带、湿地、沼泽和深海栖息地、河口、近海等。碳汇拥有丰富的海洋和海岸带生态系统，也涉及渔业碳汇、海草床碳汇等。中国和东盟都有着大量的发展蓝碳的有利条件，但是我国目前面临着蓝碳范围大幅衰退的现状，红树林、盐沼地和海草床的海岸带蓝碳生态系统也遭到了严重的毁害，总体来看，蓝碳发

---

① 董恒宇：《碳汇理论研究及其意义》，《内蒙古日报（汉）》，2011 年 9 月 30 日。

② Nellemann C., Corcoran E., Duarte C. M., et al., *Blue Carbon—The Role of Healthy Oceans in Binding Carbon*, United Nations Environment Programme, GRID – Arendal, 2009.

③ 中国国家海洋局战略规划与经济司：《加强国际合作　促进蓝碳发展——2017 蓝碳国际论坛专家报告摘要》，《中国海洋报》，2017 年 11 月 9 日。

④ 岳宝彩：《推动蓝碳发展正逢其时——访中国科学院院士焦念志》，《中国海洋报》，2016 年 12 月 22 日。

展面临较大的威胁。在沿海地区，人为地过度砍伐，建设大量基础建筑工程，沿海地区的生态环境日益恶化。赤潮问题十分突出，不仅会造成严重的生态污染，还会降低近海的海洋固碳、储碳能力。[①] 由于国家经济建设的发展需要，滩涂围垦、填海施工、高速公路建设等项目层出不穷，严重影响了海洋的生态环境，极大地破坏了海洋海岸带生态系统。陆海统筹才能使蓝碳发展朝着可持续发展的方向前进，不能只注重海洋的发展，更不能只考虑陆地的利益。

红树林素有"海岸卫士"之称，它也是净化空气的有效固碳器。[②] 调查显示，与20世纪相比，红树林的面积已经减少将近2/3，受人类活动不断加剧以及气候环境变化的影响，红树林的面积可能仍将继续减少，大量稀有物种可能也会因此而减少甚至消失，这会直接影响海域的固碳、储碳能力，使蓝碳的生态环境遭到极大的破坏。除此之外，海草床是全球海洋生态与生物多样性保护的重要对象，可以孕育出丰富的渔业资源，但是目前受工程项目等人类活动所影响，海草床面积大量减少，渔业资源也随着非法捕鱼等问题的日益突出而不断减少。盐沼地不仅是动物们重要的栖息地，还对海岸线起到保护作用，海平面的上升以及大量土地用途的改变使得盐沼地的面积也在不断减少。这些海岸带生态系统面积的不断减少，会使海岸带蓝碳生态系统大面积丧失，海洋储碳能力下降。

中国和东盟都拥有漫长的海岸线和丰富的海洋资源。尽管中国—东盟海洋合作尚处于起步阶段，但区域海洋合作前景十分广阔。在蓝碳发展面临极大威胁的情况下，中国和东盟应该携手合作，共同应对海洋环境危机。

2. 海洋治理问题突出

蓝碳发展与海洋治理息息相关。海洋治理程度高，可以给蓝碳发展提供更好的发展环境，将会更好地促进海洋合作。海洋是风云故乡，是气候调节器，但是海洋的生态环境与灾害问题也应引起中国和东盟国家的重视，尤其是海洋垃圾问题。据澳大利亚和美国的科研学者统计，全世界每

---

① 张偲、王淼：《海上丝绸之路沿线国家蓝碳合作机制研究》，《经济地理》2018 年第 12 期，第 27 页。

② 《我国"海岸卫士"红树林半世纪丧失 73%》，中国网，2012 年 12 月 26 日，http：//ocean. china. com. cn/2012 - 12/26/content_27515201. htm，登录时间：2019 年 3 月 23 日。

秒钟有超过 200 公斤塑料被倾倒入海洋，而每年人类在海洋里留下的塑料垃圾高达 800 万吨。这些都严重破坏了海洋生态环境，给各国人民的生产和生活带来了安全隐患。而如海啸、赤潮等海洋灾害严重波及沿岸各个国家，对各个国家的共同合作产生了不小的挑战。面对海洋生态灾害多样、高频、规模增大的严峻形势，中国和相关国家都必须始终坚持以主动服务沿海国家社会经济发展、民生需求及海洋管理需求为牵引，采取多种举措，不断完善海洋环境灾害防灾减灾体系，为海洋合作减少阻力。除此之外，自从 9·11 恐怖袭击事件以来，全球恐怖主义犯罪问题愈加严重，由于海运具有成本较低、运输量大等优点，恐怖组织更多地选择在海上进行犯罪，而东南亚海域由于近年来经济发展迅速，海洋自然资源丰富等，海上犯罪活动趋势也日益扩大。这些都是亟待解决的海洋问题，也为蓝碳合作增加了阻力。

中国—东盟海域海洋问题严重，非传统安全问题等日益突出，对中国和东盟进行海洋合作产生了一定的阻碍。为了更好地治理海洋非传统安全等问题，中国和东盟也更应该携手，一起应对海洋环境治理问题。

3. 双方低碳发展需求较大

我国与东盟国家拥有相同的发展蓝碳立场，低碳发展需求旺盛。由于经济的飞速发展，中国在促进低碳发展、控制碳排放量方面做了诸多努力，但是当碳排放量控制力度加大时，仅靠一个国家的力量是不行的。中国和东盟国家都是碳排放量大国，根据国际能源署的报告，2018 年全球碳排放量创下历史新高，中国二氧化碳排放也增长了 2.5%。"一带一路"倡议下中国与东盟国家合作逐渐增多，目前面临着来自气候变化、环境、贫困等多方面的挑战，同时中国和东盟等相关国家也将在未来成为节能减排的重要力量。[①] 参与"一带一路"的国家碳排放增长率都超过了世界碳排放增长率的平均数，在共同拥有巨大的低碳发展需求时，"一带一路"国家迫切需要提升绿色发展效益，降低生态环境恶化的后果，因此中国和东盟等相关国家应该携手共同应对环境治理问题，加强合作。

4. 蓝碳合作对双方具有重要意义

发展蓝碳，推动中国与东盟在蓝碳事业方面进行合作，对于新时代的

① 陈孜：《"一带一路"沿线国家实现低碳发展战略的意义与路径研究》，《现代管理科学》2019 年第 3 期，第 27 页。

中国与东盟来说，都是一个顺应时代发展的正确选择。蓝碳合作有利于催生中国—东盟新型业态发展，创造双方就业机会；有利于推动海洋经济可持续发展，有利于保护海域生态环境，提高生态系统碳汇能力；有利于全面发展中国与东盟战略伙伴关系、建设更加紧密的中国—东盟"海洋命运共同体"。因此，进行蓝碳合作是十分必要的工作。

第一，可以催生中国—东盟新型业态发展。蓝碳是新兴事物，蓝碳经济发展势头强劲、朝气蓬勃。在"一带一路"倡议的背景下，中国与东盟在经济发展上利益契合度高，合作取得了实实在在的成果，如果可以进一步加强双方在蓝碳经济方面的发展，可以更好地为相关国家提供新兴就业机会，降低失业率，促进就业，有利于国计民生的稳定，也会推动双方之间的新兴业态的发展，打造一个以海洋环境可持续发展为核心的蓝碳产业经济合作新模式和蓝碳产业链，为相关的国民经济其他部门提供宝贵的经验，创造崭新的活力，还可以吸引更多的人才加入其中，为全球海洋环境治理吸纳更多高质量的人才，促进蓝色经济的发展。

第二，可以保护双方海域生态环境。目前，中国与东盟在海域上面临着重重环境威胁，海洋治理危机和海洋垃圾倾倒现象日益严重，严重影响了相关海域的生态环境发展。发展蓝碳可以创造一个更好的海域生态环境，将有效保护中国与东盟海洋国家的海岸带生态系统，提高我国生态系统的可持续发展能力，增加相关海域红树林、盐沼以及海草床的面积，提高其修复能力，进一步促进减排，更好地保护海域生态环境并做到可持续发展，更有利于双方在气候变化领域加强自己的国际话语权。

第三，有利于建构更加紧密的中国—东盟"海洋命运共同体"。习近平于2019年4月23日会见中华人民共和国人民解放军海军成立70周年多国海军活动的外方代表团团长时强调了合力构建"海洋命运共同体"的重要性。① 中国—东盟将要建构的"海洋命运共同体"是一种通过共同分享海洋发展理念与机遇、共同应对海洋安全风险、推进海洋可持续发展的全新理念，这是对人类命运共同体的一种继承与发展，也是对"和谐海洋"的顺承与发展。"海洋命运共同体"的发展理念是中国政府首倡并不断推

① 金永明：《构建海洋命运共同体的现代价值与意义》，上海社会科学院官网，2019 年 5 月 22 日，https://www.sass.org.cn/2019/0522/c1201a40525/page.htm，登录时间：2019 年 5 月 23 日。

动相关国家进行海洋合作的重要指导理论。坚持陆海统筹，发展壮大海洋经济，促进海洋文化文明交流共生，增加海洋治理的手段，明确海洋治理的目标与方法，在"一带一路"倡议的背景下推动中国—东盟蓝碳合作，有利于双方更好地在海洋领域展开合作，更好地建立中国—东盟"海洋命运共同体"，为"人类命运共同体"助力。

第四，双方蓝碳合作将会促进"一带一路"倡议的发展。发展蓝碳事业和促进蓝碳合作，最重要的意义在于可以进一步协调和发展中国与东盟在新时代的海洋合作。可以预见的是，海洋碳汇将是未来中国与其他国家和地区进行海洋环保和实现可持续发展的重要行业领域，而东盟又占据绝佳的地理位置，优势明显。如果东盟可以在蓝碳领域与中国展开合作，那么不仅东盟自身会因此得到更好的发展，环境质量得到不断提高，"一带一路"倡议也会以更加积极的姿态向前发展，"一带一路"自身的发展成果也可以实实在在地普及东盟国家的发展领域。蓝碳领域可以填补中国与东盟国家在海洋合作领域中的空缺，使得"一带一路"倡议在贸易、投资等相关领域取得更多的成果。将"蓝碳计划"纳入国家"一带一路"倡议框架，将更好地推动"海上丝绸之路"建设，减少我国和东盟国家碳排放总量，降低气候变暖对世界的危害，同时"一带一路"倡议致力于构建绿色金融体系，这将在蓝碳合作中发挥重要的力量。① 总体来看，中国与东盟在"一带一路"倡议的框架下进行合作有着充分的发展空间。

2015 年，国家自主贡献（INDC）机制在巴黎气候变化大会上确立，要求各缔约方自行提出应对气候变化的目标。气候变化目标自主贡献内容包括减缓贡献，减缓贡献内容包含减缓目标。② 如表 1 所示，中国和菲律宾、新加坡、印度尼西亚等东盟国家都提交了自己的国家自主贡献减缓目标和全球环境治理方案，可以看出中国与东盟各国都对减排拥有强大的需求，希望可以实现低碳发展。基于此，中国与东盟国家更应在碳汇方面进行合作，充分利用先天的丰富海洋资源，在海洋碳汇合作上取得新进展。

---

① 陈孜：《"一带一路"沿线国家实现低碳发展战略的意义与路径研究》，《现代管理科学》2019 年第 3 期，第 29 页。

② 陈艺丹、蔡闻佳、王灿：《国家自主决定贡献的特征研究》，《气候变化研究进展》2018 年第 3 期，第 297 页。

表1 中国和东盟国家已提交的国家自主贡献减缓目标

国家	基年	目标年	无条件目标/有条件目标/两者并存①
中国	2005	2030	2030年左右达峰值；碳排放强度下降60%~65%
马来西亚	2005	2030	无条件目标35%，有条件目标45%
新加坡	2005	2030	无条件目标36%
泰国	—	2030	无条件目标20%，有条件目标25%
文莱	—	2035	—
柬埔寨	—	2030	有条件目标27%
菲律宾	2030	—	有条件目标70%
印度尼西亚	—	2030	无条件目标29%，有条件目标41%

资料来源：根据中国和东盟各国提交的国家自主贡献文件整理。

二、"一带一路"背景下中国—东盟蓝碳合作的有利条件

东盟各国目前正在积极参与"一带一路"倡议，中国—东盟合作也取得了实实在在的进展。在蓝碳合作方面，中国与东盟各国拥有良好的合作基础。中国与东盟产业基础雄厚、互补性强，为海洋碳汇合作奠定了基础；中国—东盟政治互信不断加强，为海洋碳汇合作减少了一定的阻力；中国与东盟海洋国家的海岸线都较为绵长，海域辽阔，蓝碳资源十分丰富，这为蓝碳合作奠定了坚实的物质基础；中国与东盟国家的各自海洋治理经验都较为丰富，为蓝碳合作提供了强有力的保障。因此，中国与东盟各国都要把握住这绝佳的合作机遇，共同创造关于蓝碳的海洋合作新篇章。

（一）中国与东盟海洋产业基础雄厚、互补性强

中共十八大报告中正式提出了"海洋强国"战略后，海洋经济发展迅

① 根据各国自主决定贡献目标提出的条件，将国家自主贡献（INDC）划分为无条件、有条件及两者并存三类，并对具体的资金、技术、能力建设需求加以汇总。

速，海洋产业在国民经济中的比重越来越高。蓝碳经济作为新兴海洋产业也正处于起步阶段。2018 年中国海洋经济总量约为 8.3 万亿元，比 2017年增长约 6.7%。① 东盟国家海洋产业基础也十分雄厚，马来西亚拥有巴生港和丹戎帕拉帕斯港两大重要集装箱港口；菲律宾的渔业资源十分发达，是世界第四大造船国；② 泰国旅游资源较其他国家更为丰富，是亚洲最为重要的旅游国家之一，泰国海边每年都吸引着成千上万的人去游玩；越南2019 年也极其重视海洋产业的发展，海洋意识较强。

除此之外，中国与东盟国家在各个领域的合作互补性较强。菲律宾油气资源较为有限，中国海洋油气业发展迅速，拥有较强的海洋油气开采能力，与印度尼西亚、马来西亚等国家在油气资源开采方面都展开了合作。中国与东盟在造船行业上实力雄厚，菲律宾现已成为世界第四大造船国，在中国造船产业已经有所饱和的情况下，菲律宾、越南等国家的造船业发展势头强劲，海洋政策也日益完善，为中国与东盟海洋产业的发展奠定了良好的经济基础，为蓝碳合作提供了动力。

中国与东盟国家在"一带一路"框架下展开合作已经有 6 年时间，总体上来看，合作范围广，在海洋产业领域取得了许多成果。东盟各国正在发挥其自身的区位优势、对外合作的渠道优势、丰富的资源优势、经济增长的后发优势等，积极与中国展开合作。③ 2018 年，中国和东盟之间的双向贸易额高达 5900 亿美元。到 2018 年底，中国与东盟双向累计投资额达2100 亿美元，双向投资存量近 15 年间增长了近 20 倍。④ 中国与东盟海洋产业优势明显，双方产业互补性强，为蓝碳合作奠定了坚实的经济基础，也为发展蓝碳经济合作创造了新的绝佳机遇。

---

① 中华人民共和国自然资源部，http：//www. mnr. gov. cn/，登录时间：2019 年 3 月 24 日。
② 王勤：《中国—东盟海洋经济发展与合作：现状及前景》，《东南亚纵横》2016 年第 6 期，第 37 页。
③ 《"一带一路"：中国与东盟经贸合作进行时》，环球网，2019 年 3 月 11 日，http：//finance. huanqiu. com/cjrd/2019 - 03/14516741. html？agt = 15417，登录时间：2019 年 3 月24 日。
④ 《"一带一路"中国—东盟产业合作圆桌会议在京召开》，人民网，2019 年 5 月 31 日，http：//world. people. com. cn/n1/2019/0531/c1002 - 31114930. html，登录时间：2019 年 5月 31 日。

（二）中国—东盟海洋环保合作成果丰硕

中国与东盟国家同为发展中国家，也是经济上的后发国家，面临着许多后发国家所共同存在的发展问题，也都曾经牺牲了本国环境来谋求经济上的发展。但是随着各国环保意识的不断提高以及碳排放量的不断增大，各国环境问题亟待解决，中国与东盟国家也成立了相应的海洋环保机构和合作平台，并取得了一系列丰硕的成果。

中国与东盟所进行的海洋环保合作领域主要是海洋污染治理、海洋生物多样性保护以及海洋环保科技等领域。2007~2015 年实行的《中国—东盟环境保护合作战略》推动双方在环保合作方面取得新进展。第十三次中国—东盟领导人会议上成功发表了《中国—东盟领导人关于可持续发展的联合声明》；2011 年《中国—东盟环境合作行动计划（2011 - 2013）》也开始实行；① 2017 年 12 月，中国—东盟海洋环境资源保护与利用论坛②强调海洋合作是建设"21 世纪海上丝绸之路"的关键领域；2018 年 9 月在广西南宁召开的中国—东盟环境合作论坛围绕绿色"一带一路"领域开展交流研讨；③ 2018 年 12 月，在广州举行的"一带一路"绿色发展能力建设活动围绕着碳排放权交易市场的实践经验进行了交流；中国与东盟目前也正在大力施行《中国—东盟环境保护合作战略（2016 - 2020 年）》，这将会推动中国与东盟各国在海洋环保领域的深层次合作。

在中国—东盟双方目前互信程度有待加强的情况下，海洋环保领域是双方可以更加深入展开合作以推动中国—东盟伙伴关系更加牢固的领域范畴，而发展蓝碳也正是中国与东盟国家可以共同合作、促进伙伴关系更加稳固的重要举措，尤其是蓝碳合作和发展在国际上也是刚刚起步的情况下，中国率先发展蓝碳，与其他国家展开蓝碳合作，可以为国际社会提供

---

① 郭箫：《中国—东盟海洋合作研究》，2018 年东北师范大学硕士毕业论文。
② 《中国—东盟海洋环境资源保护与利用论坛暨海水养殖技术对接会举行》，广西壮族自治区科学技术厅网站，2017 年 12 月 25 日，http://www.gxst.gov.cn/gxkjt/dtxx/20171225/001001001_c315e7ab - e6ae - 45d8 - b58d - d65dc06caceb.htm，登录时间：2019 年 3 月 24 日。
③ 《2018 中国—东盟环境合作论坛在南宁开幕》，中国—东盟环境保护合作中心网站，2018 年 9 月 19 日，http://www.chinaaseanenv.org/zhxx/zxyw/201809/t20180919_608816.shtml，登录时间：2019 年 3 月 24 日。

丰富的经验，不断丰富与完善国际环境治理经验。

（三）中国—东盟海洋资源丰富

中国与东盟拥有宽阔的海域与绵长的海岸线，拥有蓝色碳汇发展最需要的海洋环境，也拥有丰富的海洋资源。东盟国家也多为海洋国家，蓝色碳汇的合作可以搭建起中国与东盟国家建设"海洋命运共同体"的重要桥梁。

东盟的海洋国家多是海洋养殖大国，拥有丰富的渔业资源，可以更好地发展海洋渔业碳汇资源，开展碳汇渔业调查与研究。东盟海洋国家大多水体营养丰富，如印度尼西亚的海水养殖产业就十分先进，拥有资金和先进的技术。海水养殖的贝藻类和其他海洋生物并不需人力资源进行投喂，因此，这是吸收并固定二氧化碳成本最低的方式，[①] 其经济效益显著，并且可以更好地增加海洋碳汇的工作，实现海洋碳汇能力的飞速提升。

丰富的海洋资源是中国和东盟海洋国家发展蓝碳合作得天独厚的优势条件。中国与东盟海洋国家海岸带蓝碳生态系统完善，生物呈现多样性。中国发展蓝碳优势独特。中国海岸线横跨热带、亚热带和温带地区，拥有面积达 3 万公顷的海草床和 2.5 万公顷的红树林、约 30 万公顷的盐沼，以及面积和产量均居世界首位的海水养殖产业。东盟国家诸如印度尼西亚等也因为得天独厚的优势条件积极发展蓝碳，在达拉湾岛设立蓝碳试点，[②] 制定国家蓝碳发展的可行性计划。因此，中国与东盟国家丰富的海洋资源也为双方开展海洋合作提供了良好的物质基础。

三、"一带一路"背景下中国—东盟蓝碳 合作的挑战和对策

尽管中国与东盟国家进行蓝碳合作拥有迫切的必要性、良好的合作基

[①] 王成荣：《21 世纪海上丝绸之路背景下的广东省蓝碳发展研究》，《海洋开发与管理》2017 年第 8 期，第 41 页。

[②] 中国国家海洋局战略规划与经济司：《加强国际合作 促进蓝碳发展——2017 蓝碳国际论坛专家报告摘要》，《中国海洋报》2017 年 11 月 9 日。

础和绝佳的机遇，并且中国与东盟的蓝碳合作对于双方都有着强烈的战略意义，但是不可否认的是，中国与东盟国家的蓝碳合作仍然面临诸多挑战，需要合理利用相关合作基金，通过"一带一路"的合作平台向东盟国家提供中国发展蓝碳的技术与心得，相互交流借鉴，共同推动全球环境治理。

（一）中国—东盟进行蓝碳合作的挑战

虽然中国已经与东盟在20多年的海洋合作中取得了显著的成果，双方也在"一带一路"倡议中达成了许多合作，但是在新兴的蓝碳合作中，双方仍然面临诸多阻碍。双方政治互信有待加强，对于蓝碳合作也缺乏认识与指导，域外大国的阻碍也会对双方的合作产生不利的影响。

1. 蓝碳合作的引导与认识缺乏

"蓝碳"作为一个新鲜的名词，本身就处在不断的完善过程中，目前沿海渔民对蓝碳发展抱持着自己的态度，存在短视的行为，并且中国与东盟的海洋国家都对其缺乏正确的认识与宣传，大多数普通民众对"蓝色碳汇"这一新鲜名词概念并不熟知，加之许多其他因素的影响，蓝碳的推广与发展更是举步维艰。中国与东盟要想在区域层面对海洋碳汇进行合理的引导与合作，首先就应该破除认知局限。

除此之外，随着国际越来越关注气候问题，中国与东盟国家对气候问题的关注度也在不断升高，但是大部分的民众都缺乏相应的引导，因此也缺乏主动性意识，总是被动地去接受，没有积极地参与减排工作。[①] 海洋碳汇项目一般都由政府部门负责，因此环保非政府组织和民众即使想要积极参与，由于缺乏相应的引导与认识，也不能在开展具体的海洋碳汇项目方面产生较大的作用。因此，加强对蓝碳合作的引导与认识应该是进行蓝碳合作首先要解决的问题。

2. 蓝碳合作政策沟通不足

东盟国家作为"21世纪海上丝绸之路"的重要节点国家，与中国在海洋方面的合作早已稳步推进，涉及领域较广。尤其是最近几年，中国与东

---

① 胡剑波、张强：《低碳经济发展新思路：蓝色碳汇及中国对策》，《世界农业》2015年第8期，第44页。

盟之间的海洋合作稳步推进，已就海洋合作方面达成了共识，但是在具体的合作政策与措施方面，中国与东盟成员国还在沟通上存在较大差异。其实不仅是蓝碳合作方面，中国与东盟国家政府间政策沟通不足的问题也是影响双方交流的重要因素。

3. 中国—东盟蓝碳市场交易制度缺乏

为了更好地应对气候变化以及缓解来自二氧化碳等温室气体的减排压力，《京都议定书》把二氧化碳的排放权看作一种可以用于市场流通的商品。[①] 蓝碳市场交易是指在一定的市场交易规则下，通过开展蓝碳项目来获得或者增加相应的可以用于交易的碳汇量。目前，蓝碳交易在欧美等发达国家已经有了一定的发展，并且已经形成了一些交易中心，也有了明确的碳汇市场交易建设，我国及东盟国家由于经济发展起步较晚，目前在经济发展过程中遇到了很多问题，还受到来自美国挑起的贸易摩擦问题的影响，蓝碳交易市场建设遇到了极大的阻碍，我国及一些东盟国家并不具备发展蓝碳市场交易的条件，因此蓝色碳汇市场交易制度也极其不完善。

除此以外，蓝色碳汇市场是一种创造性市场，建立完善的蓝色碳汇交易机制难度不断加大，相关的责任监管权力也难以明确划分。[②] 而且中国和东盟各国、各地区之间发展蓝色碳汇的程度参差不齐，这种情况也为中国—东盟建立统一的碳汇标准增加了难度。

（二）中国—东盟进行蓝碳合作的对策

中国政府在《"一带一路"海上合作设想》中明确提出"加强蓝碳国际合作"。[③] 为应对上述存在的种种问题，中国与东盟应该通过宣传等各种手段不断加强国家和民众对蓝碳的认识，常设蓝碳合作论坛、加强海洋高层对话机制的建设、深化中国—东盟蓝碳发展政策沟通，加强次区域蓝碳合作，加强蓝碳市场交易合作，完善蓝碳产业链，通过"一带一路"的平台向东盟国家提供中国发展蓝碳的经验与技术，实现中国与东盟关系的飞

---

① 梅宏：《蓝色碳汇交易与滨海湿地保护》，《中国海洋报》，2018 年 5 月 2 日。

② 邓敏欣、李雪莲、王皓玥、余康慧：《我国碳汇市场现状及问题与成因分析》，《商讯》2019 年第 4 期，第 72 页。

③ 张偲、王淼：《海上丝绸之路沿线国家蓝碳合作机制研究》，《经济地理》2018 年第 12 期，第 28 页。

跃式发展。

1. 增强蓝碳合作意识，建立中国—东盟"蓝色伙伴关系"

建立中国—东盟"蓝色伙伴关系"是进一步巩固中国与东盟海洋合作的重要举措，同时要在建立"蓝色伙伴关系"的基础上，不断提高双方民众对于蓝色碳汇的认识、强调其对于日常生活的重要性。首先要做的就是不断增强蓝碳合作意识，这就要求各个国家之间以及政府部门要增强对蓝色碳汇的宣传意识，不断普及蓝色碳汇的重要性，增强民众对蓝色碳汇发展重要性的认同感，政府和民众一起努力，才能真正使蓝碳的发展切合当地实际，符合"一带一路"倡议的发展需求与要求。

其次，中国于2017年提出了构建"蓝色伙伴关系"的倡议，截至目前已经与欧盟、葡萄牙建立起了"蓝色伙伴关系"。中国与东盟国家建立更加牢固的"蓝色伙伴关系"有利于双方更好地在蓝碳方面展开合作，发展蓝碳经济，促进国家与国家之间的文化交流，减少矛盾分歧与误解，主动承担国际责任。为了建立更好的"蓝色伙伴关系"，就要以具体项目为抓手，促进务实合作，增进合作交流平台的建设，拓展双方海洋合作空间，才能使蓝碳这一新兴事物有更加广阔的发展空间。

2. 深化中国—东盟蓝碳发展政策沟通

首先，针对中国与东盟国家蓝碳发展政策沟通不畅的情况，中国与东盟国家应该常设蓝碳合作论坛，在论坛会议过程中保持沟通畅通。同时，中国应加强"一带一路"倡议下中国与东盟国家领导人的会晤，实时沟通，确保可以实时交流并完善政策。

其次，要建立蓝碳发展合作机制，这样才能更好地加强机制层面的沟通。中国与东盟应该建立蓝碳生态系统的监测与合作机制、海洋污染合作治理机制、海洋高层对话机制、海洋环境生态保护机制，[①] 建立多个层面全方位的合作机制。

3. 加强中国—东盟次区域蓝碳合作

东盟国家众多，在"一带一路"倡议下进行合作时，中国不可能确保与每个国家在战略对接上不出任何差错，并且双方在合作与发展过程中也面临着域外大国的干涉与阻挠。因此，中国应妥善地与东盟次区域展开合

---

① 张偲、王淼：《海上丝绸之路沿线国家蓝碳合作机制研究》，《经济地理》2018年第12期，第28－29页。

作，并且尽量避免在敏感领域的对话与交流。选择次区域地区时，应首先选择与中国历史往来友好，且高度信任"一带一路"倡议并支持其发展的国家与地区。中国可以先选择与柬埔寨、缅甸、泰国等国合作，最大程度地减少冲突，以这些国家为试点，逐渐向外扩大合作范围，与东盟总体上进行协调相比，解决与这些国家进行蓝碳合作的阻碍的成本更低、困难更小。因此由点及面可以最大程度地减少蓝碳资源的浪费，最大程度地协调双方的合作。

要在次区域合作过程中做到：保护重要的蓝色碳汇栖息地，通过一系列举措使海洋渔业生态系统恢复到合理状态，[①] 并且不断修复红树林、盐沼地以及海草床，通过清除污染物等手段，对一些污染严重的海域进行整治修复等。

4. 加强中国—东盟双方政治互信

中国应该以"一带一路"倡议为抓手，推动中国与东盟的海洋文化与文明的交流，推动双方海洋经济的可持续增长，加强双方在政治安全领域的互信。要始终秉承互利共赢的心态去看待双方发展。中国在不断分享发展理念与发展成果的同时，东盟部分国家也应该改变自己的态度，重新审视与中国的发展关系，才能更好地推动南海问题的解决，采取友好的态度促进双方互利共赢，这才是发展蓝碳、推动全球环境治理的最好基础。

5. 加强蓝碳市场交易合作和蓝碳产业链

第一，中国与东盟国家都应该完善自己国家的市场交易合作机制，健全完善相关法律法规，提高企业的发展积极性和市场的流动性[②]。充分利用中国—东盟海上合作基金，减轻蓝碳开发企业的税负，推动碳汇市场交易体制的完善。落实到具体行动方面，各国应主要推动相关企业建立关于蓝碳的市场交易，还应该不断对其进行激励，鼓励更多的企业参与到蓝碳开发与利用的过程中，国家间也应该推动构建完善的蓝碳相关的市场交易合作体制，争取早日将其列入相关法律。

[①] 胡剑波、张强：《低碳经济发展新思路：蓝色碳汇及中国对策》，《世界农业》2015 年第 8 期，第 47 页。

[②] 邓敏欣、李雪莲、王皓玥、余康慧：《我国碳汇市场现状及问题与成因分析》，《商讯》2019 年第 4 期，第 72 页。

第二，要不断完善蓝碳合作的产业链。2009 年联合国环境规划署发布的《蓝碳报告》也对发展蓝碳提出了自己的建议，要建立一个全球蓝色碳汇基金，以此更好地完善蓝碳产业链。[1] 要推动蓝碳产业不断创新升级，产业链内容不断丰富，尤其是要不断推动海洋渔业的发展，发展渔业碳汇，更好地服务于海洋碳汇，利用市场手段推动蓝碳发展，[2] 加强科学研究和创新，从经济、人文、旅游资源等不同方面完善蓝碳产业链，完善蓝碳标准体系。

结　语

蓝色碳汇拥有巨大的固碳储碳能力，越来越受到各国的关注。中国向国际社会承诺碳排放将于 2030 年左右达峰值，面临着较大的减排压力，[3] 因此近年来也不断开拓蓝碳这一新空间来取得减排问题上的新进展。中国和东盟在"一带一路"倡议合作上取得了良好进展的同时，也应不断加强海洋碳汇领域的合作。在蓝碳发展面临严峻形势、全球环境治理问题日益突出以及中国与东盟各国都拥有强大的低碳需求的情况下，中国与东盟需要在蓝碳领域展开合作。中国与东盟拥有广阔的海岸线，在海洋合作方面经验丰富，治理能力较强，且中国与东盟的海洋产业基础雄厚，海洋经济奠定了丰富的物质基础，应在此基础上展开合作。同时要注意中国与东盟之间政治互信程度较低、民众对蓝碳缺乏认知、政府对蓝碳的发展缺乏引导、南海问题的阻碍以及蓝碳的市场交易体制并不完善等关键问题。要通过加强中国—东盟"蓝色伙伴关系"的构建，深化发展政策沟通，增强对蓝碳的认识、增加次区域合作等一系列措施，帮助中国—东盟在减排方面取得实实在在的成果，推动亚洲乃至世界的环境气候变化朝着更好的方向前进。

---

[1] 2009 年联合国环境规划署、粮农组织和教科文组织政府间海洋学委会发布的《蓝碳：健康海洋对碳的固定作用——快速反应评估报告》从六个部分对蓝碳进行了描述。
[2][3] 裘婉飞：《蓝色碳汇的思考与展望》，《中国海洋报》，2018 年 1 月 17 日。

A Study on the Blue Carbon Cooperation between China – ASEAN under the Background of "Belt and Road" Initiative

He Jian   Wang Xiaohan

Abstract   With global warming becoming more and more serious, greenhouse gas emission reduction and low carbon development are of great significance to the sustainable development of human beings. Blue carbon sinks has great potential and is the largest carbon pool in the world. It has more advantages than forest carbon sinks. At present, Chinese government is focusing on blue carbon cooperation, leading "Belt and Road" Initiative related countries to strengthen marine cooperation and managing the international environment. With the deepening of the "Belt and Road" Initiative, China – ASEAN has a good foundation for blue carbon cooperation, but there are also a series of constraints. Therefore, China – ASEAN should deepen the blue carbon cooperation mechanism and policy communication, strengthen sub – regional blue carbon cooperation, improve blue carbon market trading cooperation and blue carbon industry chain, so as to give birth to the development of new business forms between China and ASEAN, promot the construction of "marine community with a shared future" and the development of the "21st Century Maritime Silk Road".

Key Words   "Belt and Road" Initiative; Blue Carbon Sinks; Global Environmental Governance; Blue Carbon Cooperation

Authors   He Jian, Professor and Senior Research Fellow, Institute of Marine Development of Ocean University of China; Wang Xiaohan, Master Candidate, School of International Affairs and Public Administration, Ocean University of China.

区域互联互通项目:"一带一路"与"东盟互联互通总体规划2025"对接

阿伦·吕贝那（著）　杨卓娟（译）*

【摘要】中国和东盟都提出了雄心勃勃的区域一体化互联互通倡议。中国的"一带一路"倡议涉及五大合作领域：①政策沟通；②贸易畅通；③设施联通；④资金融通；⑤民心相通。东盟的"东盟互联互通总体规划2025"（作为"东盟共同体愿景2025"的一部分）也包含五大合作领域：①可持续基础设施；②数字创新；③无缝物流；④卓越监管；⑤人员流动性。这两大倡议有很多共同之处，涵盖了软硬基础设施。在此背景下，中国可以借助发达经济体及其产业的比较优势和经验，通过第三方市场合作，将南南合作重塑为"一带一路"框架下更广泛的南北合作，合作领域包括供应合作、联合投标、共同投资、共同融资、促进高质量发展、提高透明度、建立第三方市场合作基金等。鉴于东盟成员国以发展中国家为主，政治不稳定，官僚主义问题普遍存在，社会矛盾突出，强烈建议积极推动第三方市场合作。中国已经在不同的大洲与不同的国家开展了第三方市场合作，并取得了不同程度的成功。特别是在"一带一路"项目和倡议受到广泛影响的情况下，这只是对东盟做同样的事情。

【关键词】东盟互联互通总体规划2025；"一带一路"；第三方市场合作

【作者简介】阿伦·吕贝那（Aaron Jed Rabena）博士，菲律宾亚太发展之

---

*　杨卓娟，广西大学国际学院，助理研究员。

路（Asia – Pacific Pathways to Progress）研究人员，菲律宾外交关系委员会（PCFR）成员。

中国的"一带一路"倡议和东盟的"东盟互联互通总体规划2025"有很多共同之处，涵盖了软硬基础设施（见表1）。毋庸讳言，"一带一路"与"东盟互联互通总体规划2025"具有广阔的合作空间。第二十二次中国—东盟领导人会议发表联合声明，正式提出"东盟互联互通总体规划2025"与"一带一路"倡议对接合作。

"一带一路"和"东盟互联互通总体规划2025"对接合作可以通过比较二者主要合作领域的相似性来协同，且需从位于"一带一路"倡议"五通"之首的"政策沟通"入手。从"政策沟通"入手是因为这是可以采取合作措施的起点或是可以构建合作框架。

考虑到中国是东盟——以及许多东盟成员国——最大的贸易伙伴，在贸易方面已经做了很多事情。然而，许多东盟成员国的贸易逆差依然存在，因此有必要纠正这种贸易不平衡。

表1 "一带一路"和"东盟互联互通总体规划2025"对比

东盟互联互通总体规划2025	"一带一路"	
无缝物流	设施联通/贸易畅通	
可持续基础设施	设施联通	
数字创新	资金融通	主要涉及领域
卓越监管	政策沟通	
人员流动	民心相通	

资料来源：作者自制。

"一带一路"与"东盟互联互通总体规划2025"政策比较：除了努力加强《落实中国—东盟面向和平与繁荣的战略伙伴关系联合宣言行动计划（2016~2020）》（最近是中国—东盟战略伙伴关系2030年愿景），并承诺共同致力于推动智能城市合作倡议、互联互通倡议、东盟基础设施优先项目启动、澜湄合作（LMC）、大湄公河次区域（GMS）、东盟—湄公河流域开发合作（AMBDC）、伊洛瓦底江—湄南河—湄公河经济合作战略（AC-MECS）和东盟东部增长区（BIMP – EAGA）以外，还需要建立专门的补充机制和框架，确定“一带一路”与“东盟互联互通总体规划2025”之间如何开展合作。一种主要方式是对东盟现有的机制、努力和倡议进行补充。

一、政策沟通

为确保“一带一路”和“东盟互联互通总体规划2025”一体化进程和合法性，中国可以与日本、法国、意大利、英国、加拿大、新加坡、西班牙、荷兰、比利时、澳大利亚、欧洲投资开发银行等①开展第三方市场合作。这样做，尤其是与西方大国合作，将消除人们对中国寻求“支配”其地区后院的观念和想法，并减轻人们对“一带一路”是一条“单行道”的担忧。此外，通过让发展中国家参与进来，有针对性的项目将获得声誉和信誉。

通过政策沟通，中国表明它将能够在经济和商业交往方面遵守高标准（如管理经验、项目管理规则）。此外，开展第三方市场合作表明“一带一路”确实具有包容性，对所有感兴趣的国家和利益相关者都是开放的。在这方面，值得注意的是，中国与30多个国际组织签署了共建“一带一路”合作协议。与此相对应，第三方市场合作坚持以东盟为中心的一贯主张，包容各方，开放参与。因此，与中日第三方合作论坛一样，中国—东盟第三方合作论坛也可以建立起来。中国的比较优势与其他国家的比较优势相结合的例子有很多。正如一家咨询公司的一项研究指出的那样：

> 中国海外基础设施发展的优势在于雄厚的资金实力、较短的建设周期、强有力的政府支持和较高的性价比。但是，日本基础设施企业的风险管控机制比较成熟和完善。在项目运营管理方面优势明显，但……面临劳动力短缺、建设周期长等问题。因此，两国的第三方市场合作……具有很强的互补性……②

---

① 2019年3月，（中国）政府工作报告中提到第三方市场合作。2019年8月，（中国）国家发展和改革委员会（NDRC）发布了第三方市场合作指导方针。

② "Borderless Win - win Cooperation in Building the Belt and Road", EY Belt and Road Navigator, https：//www.ey.com/cn/en/services/specialty - services/china - overseas - investment - network/ey - coin - navigator - report - issue - 3.

事实上，美国公司已经参与了"一带一路"建设，包括艾奕康（AE-COM）、博莱克·威奇（Black & Veatch）、卡特彼勒公司（Caterpillar）、霍尼韦尔（Honeywell）、通用电气（GE）、花旗集团（Citigroup）和高盛（Goldman Sachs）。[①] 除此之外，中国还可以利用东盟＋框架（如东盟＋3、东盟＋6、东盟＋8、东盟＋3合作工作计划）通过政府和私营企业与其他东盟对话伙伴国家企业或部门推进第三方市场合作，如与美国海外私人投资公司（OPIC）、澳大利亚外交贸易部（DFAT）、日本国际协力银行（JBIC）、日本国际协力机构（JICA）、法国国家开发署（FDA）、澳大利亚出口金融公司（Export Finance Australia）、日本出口投资保险公司（Nippon Export and Investment Insurance）和印度出口信用担保公司（Export Credit Guarantee Corporation）等。

同样，应鼓励与第三方市场相关的多边机构，如亚洲开发银行、世界银行的参与。[②] 根据经济合作与发展组织（OECD）的一份报告：

> 经济合作与发展组织（OECD）正在实施一系列区域倡议……中亚竞争力倡议（The Central Asia Competitiveness Initiative）……旨在通过支持创业、私营部门发展、包容和建设合适的知识型经济体系帮助各国提高生产力……各国与经合组织委员会合作的领域包括公司治理、外国直接投资、竞争、贿赂和腐败、养老金、环境、社会政策和税收等。[③]

加强在东盟第三方市场合作的其他具体措施包括将"一带一路"与日本高质量基础设施伙伴关系（PQI）结合起来。事实上，美国在其自由开放的印太战略愿景中也在实施第三方市场合作，例如：日美战略能源伙伴关系（Japan－US Strategic Energy Partnership），日美战略数字经济伙伴关

---

① See "Chapter 3：China and the World：Section 1：Belt and Road Initiative"，https：//www.uscc.gov/sites/default/files/2019 － 09/Chapter% 203% 20Section% 201 － % 20Belt% 20and%20Road%20Initiative_0.pdf.

② 亚洲开发银行和亚洲基础设施投资银行已参与第三方市场合作。

③ "China's Belt and Road Initiative in the Global Trade，Investment，and Finance Landscape"，OECD 2018，https：//www.oecd.org/finance/Chinas－Belt－and－Road－Initiative－in－the－global－trade－investment－and－finance－landscape.pdf.

系（Japan – US Strategic Digital Economy Partnership），美国国际开发署和韩国国际合作机构之间的谅解备忘录（KOICA），美印清洁能源融资工作组（US – India Clean Energy Finance Task Force），美日湄公河能源伙伴关系（US – Japan Mekong Power Partnership），美新第三国培训项目（US – Singapore Third Country Training Program）和美泰国际执法学院（US – Thailand International Law Enforcement Academy），等等。

除了东盟和中国之间关于进一步深化基础设施互联互通和生产能力合作的联合声明外，中国和东盟还应签署明确支持"东盟共同体2025年蓝图""东盟部门工作计划""东盟一体化倡议工作计划Ⅱ"和"2016～2020年东盟交通运输战略计划"的备忘录。因为这些都与"东盟互联互通总体规划"相关。

在每个东盟成员国设立的"东盟互联互通总体规划2025"国家联络中心应准备就位，以便与私营部门和实体（商业协会和商业理事会）建立定期协商程序（例如半年一次），用以更新东盟互联互通工作计划下的进展情况。国家联络中心应将中国包括在内。"东盟互联互通总体规划"关于建立东盟互联互通网站的计划（包括对愿景、战略的清晰描述、对进展的定期更新以及有关问题或媒体采访的联系人）应该包含那些由中国建设或与中国合作的项目。中国"'一带一路'沿线大通关合作行动计划"也可以与东盟的海关标准、法规和政策对接。中美贸易摩擦后，越来越多的中国企业决定重新布局商业，现在是落实这一任务的最佳时机。

所有这些政策沟通措施特别是第三方市场合作都是重要的。《东盟印度—太平洋展望》中有提到以下几点：不把亚太和印度洋地区视为相邻的领土空间，而视为与东盟紧密相连的区域观看视角；发挥中心和战略作用；一个对话与合作而非对抗的印度—太平洋地区；发展和繁荣的印度—太平洋地区；以及在不断发展的地区架构中海洋领域的重要性。①

鉴于中国各省在"一带一路"建设中也发挥着举足轻重的作用，因此应该在东盟有对应合作伙伴国家，以优化产业比较优势，把握与东南亚市场对接的机遇。政策沟通应通过东盟互联互通协调委员会（ACCC）和中国—东盟互联互通合作委员会中方工作委员会（CWC – CACCC）来推动。

---

① "ASEAN Outlook on the Indo – Pacific（2019）"，https：//asean. org/storage/2019/06/ASEAN – Outlook – on – the – Indo – Pacific_FINAL_22062019. pdf.

通过与多个国家的合作，中国正在将"一带一路"与其他国家的区域战略（如日本自由开放的印度—太平洋战略、印度的"东向政策"、韩国的"新南向政策"、美国国际开发署和亚洲开发银行印太能源项目伙伴关系）结合起来。中国还可以提出"一带一路透明度倡议"（"BRI Transparency Initiative"），对违反道德行为标准的个人和企业进行问责。为了改善中国国有企业和非国有企业的形象，中国政府应该奖励那些在其所在社区表现突出的企业社会责任（CSR）的实体（例如，人的能力建设、医疗任务、学校建设等）。

二、贸易畅通

中国可以建立一个由利益相关方参与的定期峰会或论坛，作为与非国家利益相关方（如中小微企业、投资者、商人、国际机构、政府官员）协商机制的一种形式，让商业协会和民间社会团体参与进来。这可以通过建立一个中国—东盟公私合营中心来补充，以便方便地召集和汇集公私合营者的议程，促进中国和东盟之间的相互投资。这种安排的另一个好处是，在每次地区或全球金融危机之后，协调投资以促进经济复苏会容易得多。此外，这可以与世界银行和东亚东盟经济研究中心（ERIA）的《亚洲全面发展计划（CADP）2.0 版》共同实施。东盟中小微企业协调委员会（ACCMSME）也可以转型为中国—东盟中小微企业协调委员会，"一带一路"也可以纳入"中国—东盟中小企业发展战略行动计划（2016~2025 年）"。

在这一背景下，新加坡国际事务研究所（Singapore Institute of International Affairs）发表的一篇论文很好地说明了中国如何在东盟市场上取得进展——通过与发达国家的跨国公司合作实现：

> 2017 年，中国通过阿里巴巴（Alibaba）、京东（JD. com）和腾讯（Tencent）等公司进行的科技相关投资翻了两番，其中包括滴滴出行联合软银对东南亚出行平台 Grab 的 20 亿美元投资，以及阿里巴巴对东南亚电商平台 Lazada 的 40 亿美元投资。腾讯还是新加坡互联网平台提供商 SEA 的最大股东……在印度尼西亚，阿里巴巴牵头向印尼电商 Tokopedia 投资 11 亿美元，该国另一家

独角兽 Go – Jek 也从腾讯那里筹集了资金。中国还在马来西亚、印度尼西亚和菲律宾投入了 1000 多亿美元，以支持它们的智慧城市计划。①

三、基础设施互联互通

数字丝绸之路要与东盟宽带走廊（ASEAN Broadband Corridor）相协调。中国还可以选择参加东盟电信高官会（TELSOM），通过普惠金融工作委员会（WC – FINC）和支付系统与结算工作委员会（WC – PSS），与东盟共同落实《东盟信息通信技术总体规划 2020》。这是中国分享其卓越的电子商务和金融技术实践的好机会。因此，这不仅会加快东盟成员国内部的经济活动，也会加快东盟和中国之间的经济活动。如果中国能够组织中国—东盟数据隐私和跨境数据共享论坛，比较和/或整合数据管理框架，并提出一个整合的数字数据管理框架，将非常有价值。

在硬基础设施建设方面，东盟滚装船网络（ASEAN – RORO Network）可以纳入中国—东盟东部增长区合作，因为东盟海上国家大多需要海运网络。正如"东盟互联互通总体规划"所述，中国可以帮助"建立一个涵盖东盟陆地运输网络的数据库，并开展通行时间研究，以衡量货车过境所需的时间"。

评估第三方市场的兼容性可以通过以下方式进行：建立一个数据库，来确定与某些商品优先次序相关的贸易通道或经济走廊，以及确定私营部门在目标国的作用。② 中国在可再生能源领域的跨越式发展与法国相比处于初期阶段。③ 同样，法国公司在高铁技术上有很强的立足点，而中国在高铁的建设周期和成本方面也取得了成就。④ 关于中英两国在基础设施建设方面的发展，英国在设计、法律、咨询、工程管理等方面具有优势，而中国在建筑、工程技术创新、性价比、成本控制、供应链管理等方面具有

---

① "Making the Belt and Road Initiative Work for ASEAN", Singapore Institute of International Affairs, August 2018, http：//www. siiaonline. org/wp – content/uploads/2018/08/Summary – Report_Making – the – Belt – and – Road – Initiative – work – for – Asean. pdf.

②③④ "Borderless Win – win Cooperation in Building the Belt and Road".

优势。①

四、资金融通

安永（EY）咨询公司的一篇论文提出了中国如何通过第三方市场合作扩大其在东盟的金融一体化进程中的参与度："……中国和日本在金融领域的第三方市场合作主要涉及中国的政策性银行和国有企业以及日本在投资、贷款和保险领域的三大银行。未来，我们期待两国合作更加多元化，中小金融机构将逐步走向海外，拓宽两国合作领域……"②

此外，东盟还可以借鉴以下几点：一是中法两国愿为第三方合作提供资金支持；二是建立能够容纳金融机构参与项目投资的双边对话与协调机制；三是中国国家发展和改革委员会与法国财政部联合成立指导委员会，建立合作领域示范项目清单；四是中英优势互补的前景（如绿色金融）。英国在国际金融领域有着良好的记录，与东盟各国关系密切。③此外，中国在马来西亚开设的阿里巴巴商学院培养了1.5万名数字人才，这也可以在其他东盟国家推广应用。

五、民心相通

在这方面，建立中国—东盟大学网络（类似于东盟大学网络）很重要，这将加强和系统化中国和东盟大学之间的制度联系，进而可以促进联合项目、研究项目和活动（如会议、研讨会）。中国也可以补充《东盟教育工作计划（2016—2020）》，该计划强调技术职业教育和培训（TVET）的发展。

据报道，2019年中国的高职毕业生已经超过了90%，在促进农村发展和减贫方面发挥了关键作用。"2018年，中国高职院校吸引了1.7万名海外留学生，其中'一带一路'沿线国家是留学生的主要来源国。"④因此，中国的私营企业可以在投资东盟时率先建立职业学院。这一努力将在帮助

---

①②③ "Borderless Win－win Cooperation in Building the Belt and Road".

④ See "Employment Rate of Chinese Vocational Graduates Exceeds 90 Percent：Report"，Xinhuanet，June 21，2019，http：//www. xinhuanet. com/english/2019－06/21/c_138159683. htm.

解决东盟的技能差距方面发挥重要作用。

丝路国际智库网络（Silk Road Think Tank Network）也可以与东盟大学（包括以大学为基础的研究中心）建立联系，以加强机构联系和项目合作。同样，"一带一路"新闻合作联盟也应纳入东盟框架和机制，推动中国与东盟建立更好的媒体关系。这对监测和协调媒体对"一带一路"倡议和行动的报道具有重要意义。与日本自由开放的印太战略愿景一样，中国可以帮助东盟加强法律体系的发展（如法律与司法发展项目、促进司法部门加强法治发展项目等）。①

结　语

综上所述，鉴于"一带一路"和"东盟互联互通总体规划2025"之间在政策沟通、贸易畅通、设施联通、资金融通以及民心相通（东盟是可持续发展基础设施、数字创新、无缝物流、卓越监管、人员流动）五大领域有相似的发展目标，因而两者存在诸多对接合作机遇。中国可以根据发达经济体及其产业的比较优势和经验，通过第三方市场合作将南南合作重塑为更广泛的"一带一路"框架内的南北合作。有多种方法可以实现第三方市场合作，例如：供应合作、联合投标、共同投资、共同融资、促进高质量发展、提高透明度、建立第三方市场合作基金等。② 鉴于东盟成员国以发展中国家为主，政治不稳定，官僚主义问题普遍存在，社会矛盾突出，强烈建议积极推动第三方市场合作。③ 中国已经在不同的大洲与不同的国家开展了第三方市场合作。考虑到"一带一路"倡议和项目在本地区存在一些问题，所以在东盟也应该开展第三方市场合作。

---

① See The Government of Japan, *Towards Free and Open Indo – Pacific*（November 2019）, https：//www. mofa. go. jp/files/000407643. pdf.

② See Youyi Zhang, "Third – party Market Cooperation under the Belt and Road Initiative：Progress, Challenges, and Recommendations", China International Strategy Review, 2019（1）：310 – 329, https：//doi. org/10. 1007/s42533 – 019 – 00026 – 7, p. 311.

③ "On Drawbacks of ASEAN Countries", see ibid. p. 325.

A Tale of Two Regional Integration Connectivity Projects: Harmonizing China's "Belt and Road" Initiative with the ASEAN Master Plan on Connectivity

Aaron Jed Rabena

Abstract   China and the Association of Southeast Asian Nations (ASEAN) are two entities that have ambitious regional integration connectivity initiatives. China's "Belt and Road" Initiative (BRI) has five major Areas of Cooperation (AOC): ①policy coordination; ②trade and investment facilitation; ③infrastructure connectivity; ④financial integration; ⑤people – to – people ties and connectivity. "ASEAN's Master Plan on ASEAN Connectivity (MPAC) 2025" (as part of "the ASEAN Community Vision 2025"), on the other hand, likewise has five AOCs: ①sustainable infrastructure; ②digital innovation; ③seamless logistics; ④regulatory excellence; ⑤people mobility. Both initiatives share a lot in common and cover both soft and hard infrastructure. Against this backdrop, China would be able to rebrand South – South Cooperation into a broader North – South Cooperation within the BRI framework through Third – Party Market Cooperation (TPMC) by taking into account the comparative advantages and experiences of advanced economies and their industries. Examples of areas of cooperation may include supply cooperation, joint bidding, co – investment, co – financing, promotion of high – quality development, enhancement of transparency, and an establishment of TPMC cooperation funds, among others. The active application of TPMC is strongly advised given that ASEAN member – states are predominantly developing countries and are politically unstable with pervasive red tape issues and social conflicts. China has already done TPMC with various countries – with varying degrees of success – across different continents. It is thus only a matter of doing the same with ASEAN especially in the wake of extensive negative publicity about BRI projects and initiatives in the region.

Key Words   ASEAN Master Plan on Connectivity; "Belt and Road" Initiative；Third – Party Market Cooperation

Author　Aaron Jed Rabena is Research Fellow at the Asia – Pacific Pathways to Progress（a Manila – based foreign policy think tank），and a member of the Philippine Council for Foreign Relations（PCFR）.

区域合作
Regional Cooperation

东盟新议程与发展态势分析

周士新

【摘要】作为 2019 年的东盟轮值主席国，泰国提出了"推进可持续发展的伙伴关系"的主题，从三个方面分别推出了东盟关心的主要议程。从目前来看，东盟最关注的议程主要体现在探讨印太概念的东盟路径，在中美贸易摩擦中推进 RCEP 谈判，因应第四次工业革命与数字经济的机遇和挑战等。东盟 2019 年的系列会议聚焦于展望和促进包容性的印太合作，稳步推进平衡性的可持续安全，进一步有效促进地区经济一体化取得成果，以及促进以人为核心的社会关怀等，并对未来做出了明确规划。东盟在促进内部整合和地区合作的过程中，正逐步迈向稳健前行的关键期。

【关键词】印太展望；东盟峰会；第四次工业革命；可持续发展

【作者简介】周士新，上海国际问题研究院外交政策研究所周边外交室主任，副研究员，博士。

近年来，在全球和地区形势发生剧烈而快速变化的敏感时期，东盟发展也进入了转型升级的关键时期。东盟在 2015 年底宣布成立共同体，随后进入了建设高质量共同体的新阶段，根据《东盟 2025：携手前行》和《东盟互联互通总体规划 2025》等政策文件，持续稳步推进共同体建设的新探索。然而，随着美国特朗普政府提出"印太战略"，并得到了部分地区盟国和战略伙伴的附和甚至支持，处于所谓"印太"地区中间位置的东盟做出何种应对就显得尤为重要。另外，区域全面经济伙伴关系（RCEP）谈判正进入深水区，如何协调各方立场，维护东盟在地区合作中的中心地位和东盟成员国的根本利益，以及如何适应和利用第四次工业革命引发的人工智能和数字经济蓬勃发展，如何推进东盟成员国经济转型升级等，都成为当前东盟相当关注的重要议程。2019 年上半年，东盟举行了第 34 届峰会和其他一系列会议，推出了东盟包括以上议题的各项政策文件，正在推进东盟发展进入到新的历程中。本文拟通过梳理和分析东盟 2019 年的发展主题、主要议程和议题，探讨东盟的重要关切点和未来一段时期的发展前景。

一、推进可持续发展的伙伴关系

泰国将东盟在 2019 年的主题定为"推进可持续发展的伙伴关系"（Advancing Partnership for Sustainability），主要体现在"推进""伙伴关系"和"可持续"三个方面。①

从"推进"方面来看，东盟认为，变动性和不确定性应是可以预料的。对东盟来说，不仅要继续成为地区合作的中心，而且要成为地区事务的相关者，始终"推进"东盟向前发展。要做到这一点，东盟就必须能处理好变动性和不确定性所产生的影响。"推进"的意思是，东盟不仅要具有活力、适应性和创新性，比如要建立一个数字东盟，而且要能正确评估变动性，特别是长期变动的规律性，并为此做出更好准备。事实上，近年来，变动性和不确定性对东盟的影响正在逐渐增强。这主要表现为：第一，第四次工业革命对部分工作岗位、工业生产，甚至经济运行方式的影响正变得越来越大。颠覆性技术会产生深远的经济社会影响，同时，人工智能（AI）和 3D 打印技术的普遍应用可以产生新的机会和收入。第二，从日益影响亚太地区的气候变化和自然灾难的全球趋势到跨国犯罪和人口快速增长等，在当今资源依然有限的时代正在影响着各国的资源规划。第三，地缘政治和地缘经济领域的竞争加剧，导致地区地缘战略形势表现出更加不确定的趋势。多边主义和地区主义也受到诸多意外事件的不利影

---

① ASEAN – Thailand，"Theme – ASEAN THAILAND 2019"，https：//www. asean2019. go. th/en/abouts/key – concepts/，登录时间：2019 年 7 月 22 日。

响。东盟早先达成的各项政策文件正变得越来越难以落实。① 为此，东盟将充分运用第四次工业革命带来的科技发展，以提升东盟产业竞争力，增进地区经济未来增长的活力。东盟要努力使中小微企业免受颠覆性科技和未来挑战的伤害，最终推进"数字东盟"项目的实现。

从"伙伴关系"方面来看，东盟认为自身内部整合议程和对外关系互动依然是东盟在当前国际和地区形势转变过程中保持活力和定力的关键所在。东盟的伙伴关系不仅适用于其内部的合作伙伴，无数的利益相关方是东盟共同体建设的最终推动者，而且适用于东南亚以外的合作伙伴。这主要是基于东盟自身的性质特征。第一，东盟是一个开放和外向的组织，高度融入了全球经济。在过去几年，东盟与东盟外国家的贸易额占其总贸易额的75%～78%。② 这也意味着东盟高度依赖世界贸易，来自外部的外国直接投资和旅游业对东盟经济做出了重大贡献。第二，东盟成员国与许多国家存在着历史联系。有些联系在当前已经发展为多维度的紧密伙伴关系。这种传统上的互联互通具有历史根源，但在当前体现为相关性。第三，东盟的地缘战略意义，加上其近年来经济快速发展，在地区经济整合中的潜力巨大，以及连接印度洋和太平洋关键海上通道的地理位置，都让其成为域外国家与其保持接触的价值所在。③ 因此，东盟特别强调与其对话伙伴及国际社会加强"东盟＋1"机制网络和以东盟为中心的地区架构，在平衡和增进民众福利的基础上加强与所有国家的经济合作，增强东盟在应对气候变化等全球重要议题的国际平台上的作用。东盟在加强与对话伙伴的关系中，最重要的议题是促进各领域的互联互通，如基础设施、规则和规范、社会人文等方面的互联互通。同样重要的是，东盟要贯通地区内各种互联互通战略，形成一个"无缝联结的东盟"。

从"可持续"方面来看，东盟认为，第一，可持续方式在本质上促进了一种思维与行为方式，以及旨在形成持久结果的解决方案，可持续不是

---

① ASEAN – Thailand, "Why 'Advancing'?", https：//www. asean2019. go. th/wp – content/uploads/2019/01/dc3bdea2a7a5ed39fd1e714ea3fba7f9 – 1. pdf，登录时间：2019 年 7 月 22 日。

② ASEAN, "ASEAN Statistical Yearbook 2018", Jakarta：ASEAN Secretariat, December 2018, p. 68, https：//asean. org/storage/2018/12/asyb – 2018. pdf，登录时间：2019 年 7 月 22 日。

③ ASEAN – Thailand, "Why 'Partnership'? The Case for Enduring Engagement of the ASEAN Community with the Global Community of Nations", https：//www. asean2019. go. th/wp – content/uploads/2019/01/ab785657dd17f9c1e224c19925922ada. pdf，登录时间：2019 年 7 月 22 日。

寻求快速解决问题，而是立足长远，从更广泛的角度来思考问题；第二，可持续是一种可以应用于多领域政策的综合方法；第三，可持续表现为主动追求地区可持续发展合作，缩小成员国内部及其之间的发展差距和收入差距，建设一个可持续的东盟共同体。① 为此，东盟希望在所有方面建立可持续性，无论是可持续安全，还是包括绿色经济和可持续发展的可持续经济增长。为此，东盟成立"东盟可持续发展研究与对话中心"与"东盟老龄化与创新中心"，以期对实现这一目标发挥重要作用。2019 年东盟整合的优先议程见表 1。

表 1　2019 年东盟整合的优先议程②

	推进	伙伴关系	可持续性
政治安全共同体	加强东盟管理影响地区和平与安全的变化的准备： （1）提升东盟解决不同的安全挑战，如恐怖主义、跨国犯罪、网络安全的能力，包括成立东盟—日本网络安全能力建设中心（AJCCBC） （2）提升东盟预防性外交的能力	促进应对地区安全挑战的有效伙伴关系： （1）促进东盟内边境管理合作 （2）促进建设性和包容性的海洋合作 （3）促进防务合作和防务外交	促进地区的可持续安全： （1）增进东盟和地区可持续安全合作，提升战略信任 （2）促进东盟军事医学中心的角色
经济共同体	为应对第四次工业革命做好准备： （1）东盟数字整合行动计划架构 （2）东盟创新路径图 （3）因应第四次工业革命的技术劳工/专业服务发展指针 （4）东盟工业转型 4.0 宣言 （5）东盟微型企业的数字化	通过贸易、投资与旅游促进互联互通： （1）东盟单一窗口（ASW） （2）本币结算架构 （3）东盟基础建设融资机制 （4）东盟地区美食官方全面指南 （5）2019 年缔结 RCEP	促进经济可持续发展： （1）以东盟合作促进可持续渔业 （2）东盟可持续资本市场路径图

① ASEAN – Thailand, "Why 'Sustainability'? The Case for Promoting the 'Sustainability of Things' as an ASEAN Strategic Priority", https：//www. asean2019. go. th/wp – content/uploads/2019/01/83b614836442e8aa79a7f7b7bf1b7291. pdf，登录时间：2019 年 7 月 22 日。
② ASEAN – Thailand, "Priority Deliverables", https：//www. asean2019. go. th/en/abouts/prior-ity – deliverables – politic/，登录时间：2019 年 7 月 22 日。

	推进	伙伴关系	可持续性
社会文化共同体	以未来导向的行动促进人的安全： （1）建立东盟人口老化与创新中心 （2）东盟灾害应急后勤系统：DELSA （3）东盟微生物利用网络倡议 （4）以终身学习教育计划与活动发展人力资本 （5）启动解决营养不良、发育迟缓与肥胖的项目 （6）以"加速东盟公务员敏捷性"为主题，组织第20届东盟公务员事务会议	促进民间互联互通和伙伴关系： （1）组织东盟公民社会会议/东盟人民论坛 （2）促进2019年东盟文化年，建设东盟文化中心 （3）建立东盟社会工作和社会孤立培训中心：ATCSW （4）加强东盟大学网络：AUN	促进地区社会文化可持续性： （1）提升东盟可持续发展研究与对话中心的能力 （2）组织东盟海洋废弃物特别部长会议 （3）提名穆高兰安通国家公园、董里府昭迈—利邦岛野生动保护区为东盟遗产公园 （4）监督落实东盟跨境零烟霾路径图的进展

二、东盟关注的重点议题

近年来，东盟内部整合获得了较快发展，共同体建设也进入了追求高质量发展的新阶段。然而，随着美国特朗普政府上台，宣布退出《跨太平洋经济伙伴协定》（TPP），并以贸易再平衡为名行贸易保护主义之实，推出所谓"自由开放"的印太战略，对部分东盟成员国参与地区合作造成了较大影响。对东盟及其成员国来说，在应对第四次工业革命大潮的关键时期，如何继续维护和推进其在地区合作架构中的相关性及中心地位，维护各成员国的国家利益，特别是经济利益不受损害，成为其近期关注的重要内容。因此，从东盟最新整合议程来看，其关注的议题主要包括以下几方面：

（一）探讨印太概念的东盟路径

尽管美国总统特朗普本人在2017年宣布将推行"自由开放的印太战

略"后，没有对此战略再详加描述和推动，但美国国会、国防部和国务院对此却注入了较大推动力。最受关注的是，美国国务院亚太事务副助理国务卿黄之瀚（Alex Wong）在 2018 年 4 月 1 日对美国"印太战略"中的"自由"和"开放"两个核心概念给出了比较详细的解释；美国副总统彭斯在 2018 年 11 月先后在哈德逊研究所、东亚峰会上发表演讲，在《华盛顿邮报》上发表题为《美国在印太地区寻求协作，而不是控制》的评论文章①；2018 年 12 月 31 日，美国总统特朗普签署美国国会两院通过的《亚洲再保证倡议法》，2019 年 6 月初美国国防部发布《印太战略》报告，前代理国防部长帕特里克·沙纳汉在香格里拉对话上发表演讲。美国的"印太战略"强调美国优先、大国博弈和海洋安全，已经对地区形势造成了较为严重的影响。

美国的"印太战略"虽然在表面上强调的是美国在亚太—印度洋地区的战略，重视西起印度西岸至美国西岸，连接印度洋与太平洋的印太地区，为全球人口最多、经济活力最旺盛的地区发展提供动力，但在本质上却是美国的亚洲战略。而东南亚因地处于印度洋与太平洋之间，拥有举足轻重的地缘优势，必然在美国的印太战略中具有较为重要的战略位置。美国许多官员一方面高度宣扬重视美国与其传统盟友、战略伙伴和朋友之间的战略合作关系，另一方面也强调重视和尊重东盟在其印太战略中的中心地位，希望与东盟加强战略协调，共同促进印太地区的安全与稳定、发展和繁荣。然而，从美国印太战略的现有效果来看，其过度强调安全议题，特别是大国博弈的传统安全议题，挑拨部分国家之间的矛盾和争端，不断扩大和增强其在本地区的军事存在，已经引起了包括部分东盟成员国在内的地区国家的高度警惕。

为了避免在美国印太战略中被边缘化，同时对冲美国印太战略可能产生的消极影响，东盟部分国家，特别是印度尼西亚，很早就酝酿并提出东盟版本的印太概念。2018 年 1 月，印度尼西亚外长雷马诺·马苏迪（Retno Marsudi）就提出"印太展望"的主张，将太平洋与印度洋视为紧密整合且相互连接的战略地区，特别强调东盟的中心地位，强化区域架构中的既存机制，而非另立新制度。不像美国、日本的印太战略特别强调"共同

---

① 《美国印太战略的三大支柱》，《美中时报》2018 年第 953 期，2018 年 11 月 28 日，http://epaper. sinoustimes. com/article/883. html，登录时间：2019 年 7 月 22 日。

价值观", 印度尼西亚强调将地区国家的发展、繁荣等"共同利益", 以及海洋事务、地区互联互通和推进联合国全球可持续发展目标(SDGs)等作为优先合作议题。有别于美国、日本和澳大利亚等提出的印太概念更加倾向于地区国家间的竞争性与对抗性、争端和冲突, 甚至将地区国家间分为不同的对立团体, 如美国将四方安全对话(QUAD)与其印太战略紧密挂钩, 印度尼西亚提出的印太展望则更加强调包容性, 将主要大国纳入现有的多边区域架构之中, 让各方都在以东盟为中心的地区多边合作机制中发挥建设性作用, 尊重并巩固东盟在其中的中心地位。为此, 东盟将强化东亚峰会的功能, 使其成为印太地区最具包容性的战略对话平台。

2019 年 1 月 18 日, 在东盟轮值主席国泰国的多次协商下, 东盟外长非正式会议发表联合声明, 提出东盟正考虑在"印太展望"上形成一致立场, 以开放性、透明性、包容性、规则、互信、相互尊重、互利之重要原则为基础, 认为该立场将与当前地区和次区域合作框架相辅相成。[1] 2019 年 3 月 7 ~ 8 日, 东盟外交高官会议在泰国清迈举行, 再次讨论印太展望的相关议题, 继续寻求东盟关于印太概念的共同立场。

(二) 中美贸易摩擦推进 RCEP 谈判

随着从 2018 年开始的中美双边贸易摩擦愈益激烈, 其产生的效应已经开始直接或间接地冲击了与中、美都具有紧密贸易关系的东南亚国家。从目前来看, 因为中美贸易摩擦的前景仍不是很明朗, 包括东南亚在内的全球市场面临的各种不确定性明显增高。尽管部分东盟国家在短期内得到了从中国移转出去的制造业订单甚至投资, 有可能从中美贸易摩擦中受惠, 但长期来看, 中美贸易摩擦有可能导致以钢铝和半导体等商品为代表的供应链中断或市场需求的萎缩, 拖累出口导向型的绝大多数东盟国家的经济增长。在这种情况下, 东盟国家迫切需要在地区一体化方面取得进一步进展, 以对冲中美贸易摩擦所产生的负面效应。对东盟而言, 2019 年是地区

---

[1] ASEAN, "Press Statement by the Chairman of the ASEAN Foreign Ministers' Retreat", Chiang Mai, Thailand, 17 – 18 January 2019, https: //asean. org/storage/2019/01/Press – Statement – by – the – Chairman – of – the – ASEAN – Foreign – MInisters – Retreat – Chiang – Mai – 17 – 18 – January – 2019 – FINAL – FINAL. pdf, 登录时间: 2019 年 7 月 22 日。

整合加速推进的重要一年。另外，美国特朗普政府在 2017 年 1 月退出 TPP 后，日本推动与 TPP 其他 11 个成员开展新谈判进程，在 2018 年 3 月签署了《跨太平洋全面进步伙伴协定》（CPTPP），并自 2018 年 12 月 30 日开始正式生效。CPTTP 的成员中有东盟的 4 个成员国，CPTTP 有可能分化东盟，削弱其在经济一体化中的推动力，甚而降低东盟的凝聚力和吸引力。例如，泰国巴育政府已经宣布争取加入 CPTTP，而印度尼西亚佐科政府也表示正在认真研究加入 CPTTP 的可能性。为此，东盟轮值主席国泰国承诺将加速推进 RCEP 谈判，期待在年底前完成相关谈判，缔结一份"现代化、全面性、高质量和互利性"的协定。自 2013 年开启至今（2019 年 8 月 1 日），RCEP 谈判已经经历了 2 次领导人会议和 15 次经贸部长会议，7 次部长级会间会，进行了 27 个回合的谈判，并已经在 7 个章节上达成了共识。然而，RCEP 成员经济发展水平差距较大，经济体量也不一样，在许多议题，尤其是关税减让、知识产权保护等敏感议题上的立场分歧相当严重，使得谈判进度一拖再拖。

（三）第四次工业革命与数字经济

世界经济论坛创始人克劳斯·史瓦布（Klaus Schwab）在《第四次工业革命》中将近年来出现的 AI、机器人、大数据、物联网、自动驾驶汽车、3D 打印、区块链、生物技术等颠覆性科技统称为"第四次工业革命"，并称这些科技正在急剧改变人类社会的政治、经济和社会系统，各国决策者应尽早做出应对措施，抢占新技术革命浪潮的先机。根据世界经济论坛与亚洲开发银行共同发布的《东盟 4.0：第四次工业革命对区域经济一体化意味什么？》[①] 报告，第四次工业革命将进一步激发东盟在新阶段的经济增长动力，大幅提高劳动生产率以及民众的获得感；提升区域经济的包容性；提升中小微企业的商业活力，尤其是推动电子商务的兴起；推动出现跳蛙效应下的新商机，即绕过传统工业发展历程，直接采用网络、

---

① World Economic Forum and the Asian Development Bank, "ASEAN 4.0: What does the Fourth Industrial Revolution Mean for Regional Economic Integration?" November 2017, https://www.adb.org/sites/default/files/publication/379401/asean-fourth-industrial-revolution-rci.pdf，登录时间：2019 年 7 月 22 日。

手机、电子支付等新兴科技领域；联通未联通的地区，克服地理的局限性，缩小城乡差距；改善城市拥挤状况，发展智慧城市；促进环境管理能力；加速农业转型升级，通过手机或电子支付等方式，让农民能即时获取最新市场价格、气候条件、土壤环境信息等，大大缩小信息差距与交易成本。

然而，第四次工业革命的颠覆性科技也可能给东盟国家带来许多难以克服的挑战。例如，AI 与机器人等自动化技术虽然可以大幅提升生产力、创造新的市场需求，但部分工人也可能因此而失去工作。根据国际劳工组织（ILO）的预测，东盟国家有 56% 的工作可能在自动化时代中被淘汰，这将扩大国家间的发展水平差距，提高国内政治和社会的不稳定性。另外，由于东盟国家在全球技术链上处于相对落后的地位，随着新技术的引入和应用，许多传统工厂可能走向衰落，本土企业受到冲击或被取代，并提升了因网络安全而产生的风险。因此，新加坡在 2018 年担任东盟轮值主席国期间，大力推动东盟促进数字经济与智慧城市建设。例如，2018 年 11月，东盟十国签署了《东盟电子商务协议》和《东盟智慧城市架构（AS-CN）》，支持制订《东盟数字整合架构》等，推动东盟的智慧城市发展，运用数字科技来解决交通阻塞、空气污染、市民安全等城市治理问题。

三、东盟整合议程发展态势

2019 年 6 月 22 日至 23 日，第 34 届东盟峰会在泰国曼谷举行，会后发表了主席声明、《东盟印太展望》和其他政策文件。这些政策文件加上近期东盟相关会议发表的政策文件，基本上反映了东盟当前关注的主要议题的发展情况，体现出东盟将地区整合议程仍置于其最重要的优先位置上。具体来看，这主要体现在以下几方面①。

（一）展望促进包容性的印太合作

尽管《第 34 届东盟峰会主席声明》将关于印太概念的展望置于稍微

---

① ASEAN, "Chairman's Statement of the 34th ASEAN Summit", 23 June 2019, Bangkok, Thailand, https://asean.org/storage/2019/06/Final_Chairs-Statement-of-the-34th-ASEAN-Summit_as-of-23-June-2019-12pdf，登录时间：2019 年 7 月 22 日。

靠后的"国际和地区形势"的部分中，试图掩盖其可能受国际社会关注的重要性，但是东盟峰会另外还单独通过了《东盟印太展望》。据悉，新加坡和柬埔寨在峰会前对这一文件持不同意见，① 但东盟各国最后通过协商，还是达成了基本共识，并形成单一的政策文件。② "东盟印太展望"主要有四方面的核心内容。第一，基本目标，如为地区合作提供指导原则；帮助促进地区环境的和平、稳定与繁荣，以解决共同挑战，维护以规则为基础的地区架构，促进更紧密的经济合作，从而加强信心和信任；增强东盟的共同体建设进程，进一步加强现有东盟主导的机制，如东亚峰会等；落实现有的，并探索新的东盟优先合作领域，包括海洋合作、互联互通、可持续发展目标，以及经济和其他可能的合作领域。第二，主要原则，如加强东盟的中心地位，提高开放性、透明度、包容性，加强以规则为基础的地区合作架构；良治、尊重其他国家主权独立及领土完整；不干涉其他国家内政；与现有合作架构相互补充；平等协商，相互尊重，相互信任，互惠互利；尊重国际法，如《联合国宪章》和 1982 年《联合国海洋法公约》及其他相关的联合国条约与公约，《东盟宪章》及东盟其他条约与协定，以及 2011 年的《东亚峰会促进互惠关系原则》等。《东盟印太展望》特别强调将以《东南亚友好合作条约》的宗旨和原则为指导，其中包括和平解决争端、放弃威胁或威胁使用武力，以及促进地区法治等，以进一步促进印太地区国家间的友好合作。第三，主要合作领域，如海洋合作，强调和平解决海洋争端，促进海上安全、航行与飞越自由，打击跨国犯罪，对海洋秩序进行可持续管理，解决海洋污染，以及促进海洋科学技术协作等；互联互通，实现一个无缝和全面联通与整合的地区，促进竞争力、包容性和提高共同体意识；努力建设互联互通基础设施；通过学术界和商界等的合作、协调与交流，促进人与人的互联互通；以及通过建立东盟智慧城市网络，应对快速城市化的挑战；实现联合国可持续发展目标，通过利用数字经济，加强联合国可持续发展目标与地区发展议程的互补性；促进与东

① Kavi Chongkittavorn, "Thai – US Relations in the Indo – Pacific Era", July, 16, 2019, *The Bangkok Post*, http://bangkokpost.com/opinion/opinion/1713236/thai – us – relations – in – the – indo – pacific – era.

② ASEAN, "ASEAN Outlook on the Indo – Pacific", Jun 22, 2019, Bangkok, Thailand, https://asean.org/storage/2019/06/ASEAN – Outlook – on – the – Indo – Pacific _ FINAL _ 22062019.pdf, 登录时间：2019 年 7 月 22 日。

盟可持续发展研究与对话中心及地区其他相关机构的合作；推进南南合作；促进贸易便利化和物流基础设施与服务；提升数字经济和跨境数据流的便利化；激发中小微企业活力；促进科技研究与开发和智能基础设施建设等。第四，主要落实机制，如进一步加强和优化东盟主导的机制，包括东亚峰会、东盟地区论坛、东盟防长扩大会议、东盟海事论坛扩大会议以及其他（如东盟＋1机制）；探索与次区域合作框架，如环印度洋区域合作联盟（IORA）、孟印缅斯泰经济合作组织（BIMSTEC）、东盟东部增长区（BIMP－EAGA）、大湄公河次区域合作框架，包括与伊洛瓦底江、湄南河及湄公河经济合作战略组织（ACMECS）等建立协同关系。东盟还计划将其"印太展望"中的有关概念、目标、原则和议题等提交到2019年的东亚峰会外长会和东亚峰会上进行讨论，寻求以此提升东盟在地区合作中的相关性。

（二）稳步推进融合性的可持续安全

《第34届东盟峰会联合声明》和2019年7月12日举行的第13届东盟防长会议（ADMM）发表的《东盟国防部长关于可持续安全的联合宣言》都强调要建设跨领域、跨部门的可持续安全。这主要表现为以下几方面：第一，推进以ADMM为主渠道的防务合作。2019年安全合作的主题是3"S"，即可持续安全，加强、巩固和优化防务合作，支持跨支柱和跨部门活动。根据《东盟宪章》附件Ⅰ，将东盟军事医学中心（ACMM）纳为ADMM的附属机构。东盟防长扩大会议专家工作组在2020～2023年周期的新的联合主席，将从2020年在越南举行的东盟防务高官扩大会议开始，通过务实合作，推进在人道主义援助和救灾（HADR）、海上安全、军事医学、反恐、维和行动、人道主义排雷行动，以及网络安全等方面取得积极进展。第二，加强网络安全合作，通过建立可行的协调机制和制定信任措施，采取一套普遍、自愿和不具约束力的国家在网络空间的行为规范，建立一个开放、安全、稳定、可获得及有活力的网络空间。这些规范主要体现为《东盟网络安全合作领导人声明》、《促进东盟数字总体规划2025的外长指针》、东盟—新加坡网络安全卓越中心（ASCCE）支持网络安全的活动和项目，以及东盟—日本网络安全能力建设中心等，增强东盟当前建设网络安全的能力。第三，履行打击跨国犯罪的承诺，特别是打击人口走私和反恐，通过全面落实《保和贩卖人口工作计划 2017 - 2020》和制订《东盟预防和打击暴力极端主义行动计划 2018 - 2025》，加强跨部门和跨支柱/领域协调①。东盟将根据 2019 年 3 月通过的《第 62 届麻醉药品委员会的部长级会议的东盟联合声明》和 2018 年 11 月通过的《第 5 届麻醉药品委员会会间会反对管控药品合法化的东盟联合声明》，继续对毒品和滥用毒品的行为维持零容忍的政策。

（三）进一步有效推进地区经济一体化取得成果

东盟认识到，全球经济正处于一个重要的十字路口，充满着越来越多的不确定性和挑战。为此，东盟做了一系列应对的努力。第一，呼吁 RCEP 国家都应将 RCEP 谈判作为优先议题，在 2019 年完成 RCEP 的谈判，重振国际贸易的活力，维护东盟的信誉和中心地位。东盟敦促 RCEP 各国部长和官员，根据 2019 年 3 月在柬埔寨暹粒举行的第 7 次部长级会间会通过的《RCEP 工作计划 2019》，加倍努力实现这一目标。

第二，加快金融合作与一体化。东盟金融部长在 2019 年 4 月 5 日根据《东盟服务框架协定》签署了《第八个一揽子金融服务承诺执行议定书》，通过进一步开放金融服务领域的市场，促进东盟成员国的互联互通。东盟正在根据《东盟经济共同体巩固战略行动（SAP）计划 2025》，尽快开启并尽早完成关于第九议定书的谈判。东盟财长和央行行长在 2019 年 4 月 5 日在泰国清莱举行东盟资本市场论坛（ACMF），会上提出建立东盟可持续资本市场路线图，通过建立包容性金融设施和东盟绿色金融基金，改进融资的方式，并通过当地货币结算和跨境零售支付形成互联互通。东盟将通过鼓励私人资本投资，加快基础设施建设和融资。东盟还将密切跟踪和利用科学技术和数字经济的最新进展，促进地区经济增长与发展。东盟各成员国的银行系统要逐步将可持续金融的原则纳入商业实践中。东盟正在建设一种整合东盟实时零售支付系统的地区架构，预计到 2020 年上半年开始运作。

第三，东盟非常关注困扰全球经济的保护主义和反全球化情绪，担心其使多边贸易体系处于危险之中。目前在世界贸易组织面临严重挑战的情

---

① 笔者注：指的是东盟共同体政治安全、经济和社会文化三大支柱/领域。

况下，东盟希望保持和加强世界贸易组织解决贸易争端的独特作用，维护一个包容、透明和以规则为基础的多边贸易体系。

第四，继续推进《东盟互联互通总体规划 2025》（MPAC – 2025），建设一个无缝和具有竞争力的东盟共同体。东盟为推进可持续基础设施建设，欢迎开展东盟贸易路线数据库和提升供应链效率框架建设。东盟高度重视促进东盟与次区域安排之间联系的重要性，采取"互联互通"的方式，拓宽和加深互联互通伙伴关系。东盟互联互通协调委员会、主要实施机构（LIBs）和相关东盟部门机构都大力支持《东盟互联互通总体规划 2025》，推动东盟对话伙伴和其他方对此做出持续贡献。

第五，全面准备和应对第四次工业革命的挑战。《东盟数字整合框架行动计划（DIFAP）2015 – 2025》《东盟创新路线图 2019 – 2025》《东盟关于工业转型和工业 4.0 宣言》《技术劳工/专业服务发展应对第四次工业革命指针》，以及有关东盟微型企业数字化的政策倡议正在取得进展；东盟工商咨询委员会（ASEAN BAC）开展了题为"东盟人的能力与发展（A-HEAD）"的项目，聚焦发展人力资本。2019 年 3 月举行的东盟数据部长非正式会议提出，东盟所有相关部门机构、利益相关者以及私营部门加强合作伙伴关系，为充分利用第四次工业革命做好准备。东盟和东亚经济研究所发表了《东盟 2040 年愿景：迈向更大胆、更强大的东盟共同体》报告，[1] 为东盟如何最有效准备好迎接未来的第四次工业革命提出了建议。

（四）促进以人为核心的社会关怀

东盟强调要促进"多样性、创造性和可持续发展"的地区合作，为此，东盟的措施包括：第一，努力增强应对自然灾害的能力。东盟支持《关于一个东盟一种应对方式：东盟在地区内外作为一个整体应对灾害的宣言》[2] 的

---

[1] ASEAN，"ASEAN Vision 2040: Towards a Bolder and Stronger ASEAN Community: Integrative Report", Economic Research Institute for ASEAN and East Asia, 11 June 2019, http://www.eria.org/uploads/media/7. AV2040_VOL_1_Integrative_Chapter. pdf，登录时间：2019年 7 月 26 日。

[2] ASEAN，"ASEAN Declaration on One ASEAN One Response: ASEAN Responding to Disasters as One in the Region and Outside the Region", Vientiane, Lao PDR, 6 September 2016, https://asean. org/storage/2016/09/Declaration – on – One – ASEAN – One – Response. pdf，登录时间：2019 年 7 月 26 日。

落实，促进东盟灾害管理委员会和东盟灾害管理人道主义援助协调中心的工作，加强东盟管理灾害和应急反应能力与合作。为实现这个目标，东盟还在泰国猜纳府建立了东盟卫星仓库，并计划在 2019 年启动东盟灾害营救物流系统下位于菲律宾马尼拉的东盟卫星仓库，提升筹集救援物资交付到受灾区的速度和效率。东盟将成立关于人道主义援助和救灾的东盟军事准备小组，帮助加强人道主义援助和救灾能力，在东盟的单一旗帜下有效应对灾害。东盟还将根据《东盟管理灾害和紧急应对协定（AADMER）》①，通过落实《东盟关于灾害卫生管理宣言》，②在国际和地区层次上加强公共卫生领域的协调。东盟通过了《东盟灾害风险融资和保险第二阶段行动计划》，为灾害风险提供融资和保险解决方案，加强东盟的抗灾能力。第二，减少海洋废弃物的危害。东盟加强协调成员国及其伙伴国有效应对海洋废弃物问题。2019 年 3 月 5 日，东盟关于海洋废弃物的特别部长会议在泰国曼谷举行，会议通过了《东盟地区关于打击海洋废弃物的曼谷宣言》③ 和《关于海洋废弃物的东盟行动框架》，加强东盟成员国与其伙伴国的协同行动，预防和减少来自海上或陆上活动所产生的海洋废弃物。第三，保护和促进东盟移民权利。东盟努力落实《关于保护和促进移民工人权利的东盟宣言（ACMW）》，④ 并将通过《ACMW 职权范围》。一些东盟成员国通过自己的行动计划促进"ACMW"的落实，并在保护妇女、儿童、残疾人和老人权利方面取得进展。东盟还将落实《东盟落实总体规划 2025：保护残

① ASEAN, "ASEAN Agreement on Disaster Management and Emergency Response", https://asean.org/asean–socio–cultural/asean–agreement–on–disaster–management–and–emergency–response–cop–to–aadmer/aadmer–work–programme/，登录时间：2019 年 7 月 26 日。

② ASEAN, "ASEAN Leaders' Declaration on Disaster Health Management", 13 November 2017, Manila, Philippines, https://asean.org/wp–content/uploads/2017/11/4.–ADOPTION_2017_ALD–on–DHM_Endorsed–13th–AHMM.pdf，登录时间：2019 年 7 月 26 日。

③ ASEAN, "Bangkok Declaration on Combating Marine Debris in ASEAN Region", 22 June 2019, Bangkok, Thailand, https://asean.org/storage/2019/06/2.–Bangkok–Declaration–on–Combating–Marine–Debris–in–ASEAN–Region–FINAL.pdf，登录时间：2019 年 7 月 26 日。

④ ASEAN, "ASEAN Declaration on the Protection and Promotion of the Rights of Migrant Workers", 13 January 2007, Cebu, the Philippines, http://www.ilo.org/dyn/migpractice/docs/117/Declaration.pdf，登录时间：2019 年 7 月 26 日。

疾人权利》，①完成《落实〈关于赋予东盟老年人权利的吉隆坡宣言〉的地区行动计划》，并将根据《促进东盟妇女、和平和安全的联合声明》②，促进东盟妇女、和平和安全议程的落实。

结　语

在东盟各成员国顺利完成政治转型，如泰国、印度尼西亚成功举行大选，政权平稳过渡的情况下，东盟近年来最大的关注点就是地区经济格局发生转变，全球价值链正急剧重构，使地区经济发展形势面临着极大的不确定性。相对来说，东盟对地区战略格局的掌控力虽然较弱，但大国博弈对地区形势的影响已经具有了比较清晰且明确的判断，各成员国的对外政策虽然会有所摇摆，但在力度和空间上总体还是可以掌控的。东盟提出自己版本的印太概念，还是因为对其能否继续维持其在地区多边合作机构中的中心地位严重缺乏信心，更担心东盟的自主性和凝聚力会严重下降，成为大国博弈的牺牲品。在这种情况下，东盟在 2019 年如何实行顺利转型，在运筹帷幄中发挥平衡内外局势的关键作用，确实值得期待。从目前来看，东盟依然在努力稳步推进既有的内部整合议程和提升自己在国际和地区合作中的地位与形象，尽量减少内外冲击所产生的负面影响。东盟虽然在一定程度上迎合了美国提出的印太概念，但却提出了与美国迥然不同的规范原则，未来是否会提交给东亚峰会等多边机制进行讨论，还值得进一步观察。

---

① ASEAN, "ASEAN Enabling Masterplan 2025: Mainstreaming the Rights of Persons with Disabilities", 13 November 2018, Singapore, https://asean.org/storage/2018/11/ASEAN – Enabling – Masterplan – 2025 – Mainstreaming – the – Rights – of – Persons – with – Disabilities. pdf, 登录时间: 2019 年 7 月 26 日。

② ASEAN, "Joint Statement on Promoting Women, Peace and Security in ASEAN", 14 November 2017, Manila, the Philippines, https://asean.org/wp – content/uploads/2017/11/8. – ADOPTION_Joint – Statement – on – Promoting – Women – Peace – and – Security – in – ASEAN-ACWC – Endorsed_rev2. pdf, 登录时间: 2019 年 7 月 26 日。

A Probe into ASEAN's New Agenda and
Its Development

Zhou Shixin

Abstract   ASEAN's agenda and issues in 2019 has changed after the proposal of Indo – Pacific Strategy by the United States and the regional tension caused by Sino – US trade friction. As the chair of ASEAN in 2019, Thailand has put forward the theme of "Advancing Partnership for Sustainability" and launched its main agenda of ASEAN's concern from three aspects. Currently, the most important agenda of ASEAN is to explore its path of Indo – Pacific concept, to promote RCEP negotiation amid Sino – US trade friction, and to respond to the opportunities and challenges of the fourth industrial revolution and digital economy. With a clear planning for the future, ASEAN's series of conferences in 2019 focus on its outlook of an inclusive Indo – Pacific cooperation, steadily promoting balanced and sustainable security, further advancing effective regional economic integration, and boosting people – centered social care. In the process of promoting internal integration and regional cooperation, ASEAN is gradually moving towards a critical period of steady progress.

Key Words   ASEAN's Outlook on the Indo – Pacific; ASEAN Summit; the Fourth Industrial Revolution; Sustainable Development

Author   Zhou Shixin, Dept. Head, Department of Neighbouring Diplomacy, Institute for Foreign Policy Studies, Senior Fellow at the Center of Asia – Pacific Studies, Shanghai Institutes for International Studies.

试析新时期侨务政策的机遇与挑战
——以东南亚为例 *

曾伟富

【摘要】中国在海外最大的利益与资源分布在世界各地的华侨华人中，尤其是在毗邻的东南亚地区的华侨华人中。在历经千年的移民史中，华人已经是该地区国家主要构建族群之一。他们经济实力雄厚，参政人数众多，社会影响力巨大。鉴于东南亚华侨华人所拥有的庞大侨务资源，制定符合新时期国内外政治经济环境的侨务政策将能更充分利用现有侨务资源，为"一带一路"倡议的落实以及全球化战略的对接，同时也为东南亚的华侨华人提供新的发展契机。中共十八大以来中央把侨务工作提升为主要的国务工作事项之一，尤其是这几年来侨务工作取得了突飞猛进的进展。但是在取得丰硕成果的过程中也暴露出不少问题，机遇与挑战并存。本文试做初步的探讨并提出有建设性的建议。

【关键词】东南亚；华侨华人；公共外交；侨务

【作者简介】曾伟富，泰国玛希隆大学亚洲语言与文化研究所，博士生。

　　侨务工作是中国政府公共外交战略的重要组成部分。侨居海外的 6000

---

　　* 这篇文章曾出版在第一届泰北华人华文学术研讨会学术论文集《泰北华人华文研究第一辑》（2018 年 12 月 14～15 日研讨会在泰国皇太后大学举行）。2019 年 8 月投稿《中国—东盟研究》时略有改动，笔者感谢曹云华教授、葛静静老师提出的宝贵意见。

多万华侨华人①，是中国的宝贵资源。在国家各个重要历史时期海外华侨华人都做出了巨大的贡献，改革开放以来第一位来中国大陆地区投资的外籍客商谢国民就是来自泰国的华商巨贾。在改革开放的经济建设过程中，来自东南亚地区的华侨对中国内地的投资占了全部外来投资的一半，深圳、汕头、厦门等特区都活跃着东南亚华商的身影。苏州新加坡工业区的建设为中国引进外资、落实投资、学习先进管理技术等提供了丰富的实践契机②。中共十八大以来，新时期侨务工作的指导性文件③《国家侨务工作发展纲要（2016－2020年）》把侨务工作提升为一项长期的国家战略性工作。东南亚地区毗邻中国，不仅是海外华侨华人的主要聚集地，也是中国"一带一路"倡议落实的首站。因此，深入分析新时期侨务政策具有重要的社会意义。

一、研究现状

目前国内侨务研究是从中国的角度看待海外华人，把他们的历史看成是中华民族海外发展史，着重研究华侨与祖国的关系，强调华侨的爱国主义传统。就成果来看主要分为侨务政策性研究和侨务理论研究两个方面。在侨务政策研究方面硕果颇丰。这与党和政府注重侨务工作有关，特别是相关的侨务管理部门都成立了相应的侨务政策研究室，使之侨务政策更接近现实需求，这有利于政策的落实。在侨务理论研究方向，学界多从海外华侨华人和侨史角度出发，阐述在相关国家的华人华侨与中国的联系互动，以及进行外部环境对中国侨务政策演变的影响的理论研究，并且先后恢复和成立以华侨为主体的暨南大学、华侨大学等相关学术研究机构。台湾地区学者研究方向则是以海外华侨的历史为主，政策性研究方向则更少。著名学者李恩涵著有《东南亚华人史》等书。国外相关研究以东南亚

---

① 《华侨权益保护备受关注　涉侨立法赢得华侨掌声》，中华人民共和国国务院侨务办公室，2015年3月10日，http://www.gqb.gov.cn/news/2019/0719/46452.shtml，登录时间：2018年10月12日。

② 《中国·苏州：政府引导下的产业园区》，搜狐财经，2019年3月22日，https://m.sohu.com/n/484289033/? wscrid = 95360_2，登录时间：2019年10月12日。

③ 《全球华人最多的地方》，每日头条，2017年4月19日，https://kknews.cc/zh－cn/other/j83pn4p.html，登录时间：2018年10月10日。

学者为主，研究角度一种是从海外华侨华人的视角看问题，把研究对象作为所属国历史发展的一部分进行观察研究，着重研究华侨华人在这一过程中与中国的联系以及在成为所属国社会主体构建中受中国因素的影响，强调华人对侨居国的贡献，讨论华人在当地的权利；另一种是从世界发展史的角度研究海外华侨华人对中国发展进程的影响。

二、历史回顾

新中国成立以来就明确了把发展与海外华侨华人的联系作为主要工作之一，更明确了服从和服务于党和国家工作大局是侨务工作的根本要求。改革开放以来，经济建设成为国家核心工作，侨务工作的重心也由意识形态输出转变成经济建设。华侨华人携大量外资到中国大陆投资，他们的身份被定位在经济领域。邓小平同志把侨务工作同世界形势尤其是世界经济的发展紧密结合起来，提出"独特机遇"的思想，把充分利用海外华商掌握的经济资源以带动中国经济发展的策略当作侨务政策来抓[1]。因此，当邓小平依据国内外的政治经济形势提出了"改革开放"这项基本国策时，着眼点首先放在华侨华人和港澳同胞上。1979 年，当时泰国最大华人企业正大集团便积极响应中国的号召，成为首批对中国深圳经济特区投资的外资企业之一，在其示范和带领下，大批海外侨资企业纷纷投资中国。《中华人民共和国归侨、侨眷权益保护法》的颁布施行体现了中国政府重视侨务，并通过立法在法律上确认和保障来中国投资的侨商的合法权益。

进入 21 世纪，各国科技竞争日趋激烈。江泽民同志在延续和深化邓小平时期侨务政策的基础上，更是开创性地把华侨华人作为重要的人才资源，把引进智力资源作为侨务工作的新领域，指出"侨务工作要为改革开放和经济建设服务，重点要抓好引进华侨、华人资金、技术和人才的工作，这是我们国家加快改革开放和经济建设的需要，也是侨务工作的优势所在"[2]。继续实施发挥华侨华人潜力优势的"优势论"和"资源论"的侨务政策。党的十六大以来，胡锦涛同志提出了侨务工作"三个大有为"、充分发挥"四个作用"的目标要求即是团结侨胞，发挥侨胞独特优势的侨

---

① 邓小平：《邓小平文选》（第三卷），人民出版社 1993 年版，第 52 页。
② 江泽民：《江泽民论侨务》，国务院侨务干部学校 2002 年编印，第 1 - 17 页。

务政策。

中共十一届三中全会恢复了专职侨务机关国务院侨办，历届党代会都有专门的侨务工作报告：十二大、十三大报告提及"海外侨胞"；十四大、十五大报告指示，全面贯彻落实侨务政策；在十六大报告中，"侨务工作取得新进展"被列入民主协商和精神文明建设。十七大、十八大报告均指出，团结海内外华侨华人，支持国家经济建设和平统一大业；十九大报告确定了"一切为了侨、一切依靠侨"的指导思想。

三、重视对东南亚地区侨务公共外交战略的缘由

当前中央把侨务工作提升为国家重要战略之一，这得益于在东南亚地区有着庞大的侨务资源作为这一战略落实的基石。"实现中华民族伟大复兴的中国梦"[1]，这里的中华民族不仅是中国大陆以及港澳台的同胞，同时也包括世界各地的华侨华人。华侨华人的足迹遍布世界各个角落，他们经济实力雄厚，人数众多，从事各行各业，世界影响力大，只有得到海外华人华侨的支持，复兴大计才能早日实现。

（一）东南亚华侨华人是中国崛起重要的外部资源之一

当今国际环境正在发生深刻复杂变化，2008 年金融危机席卷了以 G7 为代表的西方资本主义国家，包括中国在内的"金砖国家"代表着新兴市场国家和发展中国家的迅速崛起，世界权力体系由太平洋东岸逐渐向太平洋西岸转移。侨务工作是外事工作重要组成部分，将肩负着正确引导国际社会认识和对待中国崛起、为中国和平发展营造良好国际环境的重要历史使命。中国近代史中各个重要时期都与华侨华人有着密切的联系，在中国推翻帝制、抗日战争以及建设新中国等各个历史时期，华侨华人都给予中国大力支持。"一带一路"倡议的全面贯彻与落实势必会促使中国的人员和资本更大规模地走向世界。在中国拓展公共外交领域

---

① 《习近平在中国共产党第十九次全国代表大会上的报告》，人民网，2017 年 10 月 28 日，http://cpc.people.com.cn/n1/2017/1028/c64094-29613660.html，登录时间：2018 年 10 月 12 日。

和软实力建设的过程中，华侨华人可以发挥重要作用。根据每日头条 2016 年统计资料，截至 2016 年全世界有海外华人 6000 多万①。其中东盟十国中，印度尼西亚、泰国、马来西亚是世界主要海外华侨华人居住人数前三的国家，随后的新加坡、越南、菲律宾和缅甸也进入了前十名。这一时期侨居东南亚各国的华侨华人人数超过 4000 万，占世界华侨华人总数的 70% 以上（见图 1）。

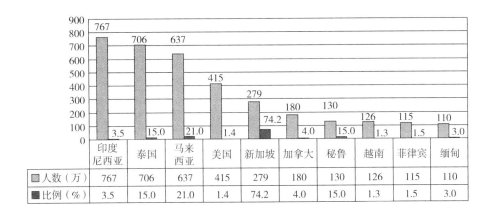

	印度尼西亚	泰国	马来西亚	美国	新加坡	加拿大	秘鲁	越南	菲律宾	缅甸
■ 人数（万）	767	706	637	415	279	180	130	126	115	110
■ 比例（%）	3.5	15.0	21.0	1.4	74.2	4.0	15.0	1.3	1.5	3.0

图 1　海外华人前十国家

资料来源：《每日头条》，2016 年 9 月 9 日。

（二）历来华人善于经商积累财富，是侨居国极具实力和影响力的族群

东南亚国家中华人作为外来人经过几代人经年累月的努力奋斗创立了属于自己的产业，在各行各业中都具有举足轻重的地位，也融入了当地的主流社会。据美国商业杂志《福布斯》的估算，目前东南亚十国中华人商贾拥有资产超过 2500 亿美元。甚至有说法认为东南亚国家 60% 以上的财富由华裔所掌握。以泰国为例，泰国经济具有以下几大特点：一是具有华人血统的企业家占绝大多数；二是华人企业创立早，产业规模大，多元化

---

① 根据国务院侨办统计方法把港澳台同胞纳入其中。

经营，家族化；三是泰华本土化程度高，通过各种形式合作，如与泰国王室、政界官员等权贵阶级结为联盟使企业泰国化。上百年来，华商一代接一代地在侨居国创造财富，正是这些华商不知疲倦地工作才促成了东南亚现在的繁荣。2015 年 9 月美国商业杂志《福布斯》对东南亚富豪进行了排名，入围的 40 名企业家中拥有华人血统的企业家达到 30 名，占据排行榜 3/4 席位，而前十名中除第二位是非华人外，其余 9 位都是华人。他们中有郭鹤年这样影响世界经济走向的巨贾，也有他信这样推动亚洲和谐发展的政界精英等（见表1）。

表1　2015 年东南亚富豪榜

姓名	族群	财富（亿美元）	国籍
郭鹤年	华裔	52	马来西亚
阿南达	马来	51	马来西亚
郭令明	华裔	40	新加坡
黄志祥	华裔	32	新加坡
苏旭明	华裔	30	泰国
李成伟	华裔	27	新加坡
林梧桐	华裔	26	马来西亚
郭令灿	华裔	24	马来西亚
黄祖耀	华裔	24	新加坡
黄惠忠	华裔	23	印度尼西亚

资料来源：《福布斯》东南亚富豪榜。

（三）华侨华人具有开展公共外交的辅助优势

因长期与当地民众共同生活，并且为侨居国的发展做出卓越贡献，华侨华人在开展侨务工作时更具有民间交往的性质，他们传播的信息在侨居国政府和民众心目中更有说服力和感染力，也往往更容易为侨居国政府和民众所理解和重视。例如 1979 年，泰国著名侨商谢国民带领正大集团在深圳设立中国改革开放后首家外资企业。那时，中国改革开放的大幕刚刚拉开，世界仍在观望中国市场的潜力和中国变革的决心，许多外商都不敢轻易迈出第一步。此时正大在中国的成功投资打消了许多外商对中国的顾虑，也是由于有了正大的投资，才让中国有全面接触国际化企业的机会，并为未来的侨务管理积累了丰富的经验。

（四）新华侨是开展公共外交的新助推器

改革开放后中国加强了与世界的联系，大批国人走出国门并在海外定居形成了新华侨华人族群。这一族群以对外投资的企业家、外派的高级职业经理人和技术负责人以及留学人员为主，而且随着中国开放步伐的加大，这个族群也不断壮大。新华侨华人是中国对外合作交流的重要桥梁。在新华侨华人逐渐融入侨居国的主流社会过程中，以新侨为主体组建的各类侨社，逐步构筑成新华侨华人社会网络，对新时期的侨务工作来说既是新的机遇也是挑战，充分利用好新华侨社团的影响力将有利于全面深入开展侨务工作。例如成立于2000年的泰国华人青年商会是第一个面向新华侨、新移民的泰华组织，在成立十几年的时间内会员已经囊括了中国各个省市以及港澳台的同胞和泰国华裔。泰国华人青年商会成立以来，积极从事促进中泰两国民间的经济、贸易、文化、科技的合作与交流，为中泰两国的友好往来做出了巨大的贡献。2018年7月普吉岛沉船事件发生后，泰华青年商会第一时间安排有关人员赶赴事故现场进行协助，充分利用了通语言、懂当地法规以及社会影响力等优势，协助泰国政府妥善处理该事故。因此培养、支持一批新华侨组织将是开展侨务外交的重要工具。

四、需要做的工作

（一）学习先进的侨务管理经验

当前我国侨务管理工作仍处于起步阶段，在工作的过程中不断暴露出问题，许多地方都需要不断完善。在其他侨务大国如以色列和印度，不但有先进的侨务管理经验还有丰富的侨务管理理论做依托。如何依靠广大海外华侨华人力量，寻找到适合中国的侨务公共外交道路，既需要实践，更需要上升到理论来指导工作。例如，印度在美国的侨务工作分为两部分：

一是面向精英阶层，通过设立优质岗位和奖项来吸引精英阶层关注印度、投资印度、推荐印度；二是面向普通群体，引导侨民以职业、祖籍地、宗教等为依据成立社团，并对其进行严格的监管，提高有限侨务资源的利用率[①]。

（二）提升侨务干部队伍的行政业务能力

专业事务应由专业人士管理，侨务干部应具备多种知识和能力。外派的侨务干部不仅应该熟知派驻国的侨团发展史，与主要侨领构建友好的工作关系，更应该熟知派驻国的历史、文化、经济以及政治运作，最重要的是可以熟练掌握所在国语言。地方侨务干部需要熟知并能够应用中央侨务部门的相关政策和管理规章，并且最好精通一两门外语。沿海的侨务大省如福建、广东在条件允许的前提下可以成立专门的侨务理论部门，因地制宜开展工作，形成一套可以面向全国推广的理论框架。

（三）加强与海外华社的相关联系

华校、华刊、华社，作为华侨华人的三大法宝，既是中华文化在海外传承与发展的象征，也是开展侨务公共外交的重要载体和平台。根据海外相关单位统计，目前活跃在东盟十国的华社团体有近 2 万个，各种形式的华校达 1.5 万多间，各式中文媒体 700 余家。比如在现今数字化社会，可以利用脸书（Facebook）、推特（Twitter）等网络平台，通过所在国语言传播形式，构建各类视频节目、交流对话节目、互助性与公益性活动，耳濡目染地引导普通民众了解中国，提升对中国的好感度。

总而言之，不管是老华侨、新华侨，还是其他华人，都在海外生存与发展，并为促进侨居国经济和社会的发展以及构建与中国的友好联系做出了巨大贡献与牺牲。长期以来，党和国家已经把侨务工作提升为一项长期的战略性工作，为更好地发挥华侨华人的独特作用，需要根据华侨华人和华裔新生代的特点，有针对性地开展工作，制定符合现状的侨务政策。

---

① 张梅：《试析以色列侨务公共外交》，《现代国际关系》2018 年第 6 期，第 24、57 – 62、64 页。

An Analysis of the Opportunities and Challenges of Overseas Chinese Affairs Policy in the New Era

—Taking Southeast Asia as an Example

Zeng Weifu

Abstract　China's biggest resources outside China could be its overseas nationales, especially those in its neighbouring countries. This article will focus on the overseas Chinese in Southeast Asian, considering the fact that they have become one of the main ethnic groups there. With increasing economic power, expanding political participation as well as enlarging social influences, overseas Chinese in Southeast Asia are gaining more and more local social resources which can be used to better implement "the Belt and Road" Iintiative. Since the 18th National Congress of the CPC, the Central Committee has highlighted the importance of overseas Chinese affairs and named it one of the major state affairs. Therefore, based on the previous researches, this article would like to do some preliminary investigation and try to provide some suggestions as to enhance overseas Chinese' development in Thailand.

Key Words　Southeast Asia; Overseas Chinese; Public Diplomacy; Overseas Chinese Affairs

Author　Zeng weifu, Research Institute of Languages and Cultures of Asia, Mahidol University of Thailand, Doctoral Candidate.

澜湄合作机制框架下的湄公河次区域减贫问题研究

李家成　李曾桃子

【摘要】 湄公河流域的东南亚国家存在突出的贫困问题，严重制约了次区域的社会经济发展。由于该地区民族问题和国内政治问题错综复杂，积贫积弱的历史传统导致各国民众难以摆脱贫困。目前，湄公河流域的东南亚国家已经广泛利用区域合作机制开展减贫合作。澜湄合作机制作为一种新型合作机制，将减贫合作视为优先领域之一，坚持以民生为本并重视各成员国减贫的实际需求，进展较为可观。中国的减贫经验为湄公河流域国家提供了参考示范，减贫合作具备坚实的前期基础。虽然湄公河次区域已广泛存在多边合作机制，但如何在各机制功能交叠的情况下避免机制拥堵，仍是澜湄合作亟须解决的关键性问题。同时，澜湄合作机制各成员国之间利益诉求的差异、发展理念的不同以及国内政策的调整，也对澜湄合作机制的减贫成效产生影响。为了继续推动澜湄合作机制发挥减贫作用，澜湄合作机制应与其他次区域合作机制进行有效协调，了解湄公河流域东南亚国家的减贫需求，促成澜湄合作机制与其他合作倡议的耦合。

【关键词】 澜湄合作机制；湄公河次区域；湄公河五国；减贫合作

【作者简介】 李家成，辽宁大学国际关系学院国际政治系副教授、转型国家经济政治研究中心副研究员；李曾桃子，辽宁大学国际关系学院硕士研究生。

一、湄公河流域东南亚国家贫困问题突出

贫困问题具有复杂性和综合性，往往也受到历史条件和现实条件的制约。具体来看，局部暴力冲突、地区民族动乱、区域恐怖主义甚至政权更迭都不同程度地受到了贫困问题的消极影响，可见贫困问题不利于区域安全，并对社会稳定造成威胁。在东南亚地区，湄公河流域国家的贫困问题最为严峻，阻滞了这些国家乃至东盟的可持续发展进程。由于地处湄公河流域的中南半岛国家大多存在长期的殖民历史且较晚出现领土和主权的观念，加之作物种植为主的经济发展模式动力不足，低水平的国家构建不利于次区域社会经济的整体发展。其中，柬埔寨、老挝和缅甸被联合国认定为世界上最不发达的国家，越南和泰国的城乡地区发展不平衡，并仍存在着较大基数的贫困人口。

随着中南半岛地区政治经济态势的不断变化，湄公河流域的东南亚国家对发展经济、削减贫困存在迫切诉求，贫困带来的经济环境不稳定和政治环境不安全倒逼各国重新审视贫困问题。但受到经济发展水平的制约，减贫进展的不均衡导致贫困国家仍有较多人口处于贫困落后之中，妇女和儿童成为受到贫困问题严重影响的弱势群体。由于湄公河流域的东南亚国家削减贫困的积极性仍需加强，为提高各国民众的减贫意识并切实解决贫困问题，次区域各国应协调一致，在经济、政治、社会和生态等层面广泛开展合作。

（一）老挝的贫困问题及其现状

老挝属于中低等收入国家，脆弱的经济环境使其面临严峻的贫困问题，需要依靠国际社会的无偿援助及技术援助维系自身发展。以世界银行的相关数据作为贫困程度的评估参考，老挝国内仍有较多人口生活在贫困之中。依据老挝国家贫困线的衡量标准，贫困人口占国家总人口数的

23.4%①；依据国际公认的贫困线划定标准，其国内贫困人口在国家总人口数中占比近22.7%②。此外，老挝的城乡贫困差距较大，农村地区的贫困率远高于城市地区。2018年，老挝全国的贫困家庭大约有6.459万户，相当于其全国家庭总数的5.34%③。预计到2025年，老挝才能摆脱最不发达国家的地位。

改变贫困落后状况是老挝人民革命党、政府和全体人民的优先任务，老挝政府及各阶层群体均为国家的反贫困事业付出了不懈努力。老挝国会已经同意批准施行"第八个五年社会经济发展计划（2016－2020年）""十年社会经济发展战略（2016－2025年）"以及2030年远景规划，力争至2025年使贫困率降到5%以下，至2020年贫困人口低于总人口数的10%④。同时，老挝希望能够在2030年建设成为中上等收入国家，并修改旧有的贫困线标准。老挝政府关于修改贫困线的草案指出，乡村地区应有70%的家庭脱离贫困，而在县区须有71%的村庄脱离贫困，均较之前的标准有所提高⑤。

（二）缅甸的贫困问题及其现状

缅甸的贫困问题是历史和现实共同作用的产物，与低水平的国家建构和动荡的社会环境密切相关。1988年，缅甸军人政府宣布废除宪法并解散国家权力机构，同年，因国内经济形势恶化，缅甸爆发了大规模的游行示

---

① World Bank Department Research Group, "Poverty Headcount Ratio at $1.90 a day (% of population)", https://data.worldbank.org/indicator/SI.POV.DDAY? locations = LA&view = chart, 登录时间：2019年3月9日。

② World Bank Global Poverty Working Group, "Poverty Headcount Ratio at National Poverty Lines", https://data.worldbank.org/indicator/SI.POV.RUGP? locations = LA&view = chart, 登录时间：2019年3月11日。

③ 《老挝全国贫困家庭还剩6万多户》，中华人民共和国驻老挝人民民主共和国大使馆经济商务参赞处网站，2018年7月18日，http://la.mofcom.gov.cn/article/ztdy/201807/20180702767304.shtml，登录时间：2019年4月17日。

④ 《老挝国会批准第八个五年社会经济发展计划》，中国国际贸易促进委员会网站，2016年4月26日，http://www.ccpit.org/Contents/Channel_4114/2016/0426/636390/content_636390.htm，登录时间：2019年4月17日。

⑤ 《老挝将修改贫困线标准》，新华网，2017年7月26日，http://www.xinhuanet.com/world/2017-07/26/c_1121385257.htm，登录时间：2019年4月17日。

威活动。尽管在 20 世纪 80 年代初就有对外国投资和援助开放的迹象，但由于一度繁荣的出口经济停滞不前以及不断发生政治动乱，缅甸依然处于孤立状态①。其时，缅甸的人均国民生产总值是 200 美元，明显低于低收入国家平均 370 美元的标准②。民族问题也是导致缅甸日益贫困的重要因素。缅甸的主体民族与其他少数民族群体在利益诉求和价值观念等方面存在较大差异。受局部冲突影响，缅甸民众无法正常从事农业劳动或外出务工，动荡的社会环境加快了贫困人口的增长。缅甸的贫困问题还与毒品问题相互交织。贫困落后的社会现状致使"金三角"贩毒交易持续存在，依靠种植鸦片谋生的贫困人口不在少数。

随着减贫合作和国际援助的推进，缅甸的贫困程度呈现出逐年下降的趋势。而且，缅甸积极参与全球范围内的国际贸易，进出口额度不断扩大，合作国家不断增多③。2000 年以来，缅甸的国内生产总值不断增长，2017 年已经达到 693.2 亿美元④；2018 年至 2019 年，缅甸的 GDP 增长率分别达到 6.8% 和 7.2%⑤，总体上保持了稳定增长。以国内贫困线作为衡量标准，2005 年至 2015 年，缅甸国内的贫困人口比例由 48.2% 降至32.1%⑥；按照国际公认的贫困线衡量标准（1.90 美元/天），缅甸的贫困人口目前占总人口数的 6.4%⑦。为了切实改善民生，缅甸目前主要将经济

---

① Nicholas Tarling, ed., *The Cambridge History of Southeast Asia*, UK: Cambridge University Press, Vol Ⅱ, 2008, p. 636.

② 林锡星：《贫困中的挣扎——近期缅甸经济的发展和问题》，《东南亚研究》1994 年第 1 期，第 15 页。

③ 关于缅甸近年来对外进出口贸易的详细数据，可参见：The Republic of the Union of Myanmar, "National Trade Situation of Myanmar in 2011 – 2012 Fical Year to 2018 – 2019 Fical Year (overseas and border)", Ministry of Commerce, https://www.commerce.gov.mm/en/article/national – trade – situation – myanmar – 2011 – 2012 – fical – year – 2018 – 2019 – fical – year – october – monthly, 登录时间：2019 年 4 月 19 日。

④ World Bank national accounts data and OCED National Accounts data files, "Myanmar GDP", https://data.worldbank.org/indicator/NY.GDP.MKTP.CD? locations = MM, 登录时间：2019 年 4 月 19 日。

⑤ Asian Development Bank, "Myanmar: GDP Growth Rate", https://www.adb.org/data/statistics, 登录时间：2019 年 4 月 19 日。

⑥ World Bank Poverty Global Poverty Working Group, "Poverty Headcount Ratio at National Poverty Lines (% of population)", https://data.worldbank.org/indicator/SI.POV.NAHC? end = 2015&locations = MM&start = 2015&view = bar, 登录时间：2019 年 4 月 19 日。

⑦ The World Bank, "World Development Indicators: Poverty Rates at International Poverty Lines", http://wdi.worldbank.org/table/1.2, 登录时间：2019 年 4 月 19 日。

建设规划集中在农业领域，政府希望通过制定合理的发展项目促进经济增长，从而缩小贫富差距并实现地域间的协调发展。

（三）柬埔寨的贫困问题及其现状

作为世界最不发达国家之一，柬埔寨的经济增长速度较为缓慢，国内贫困问题突出。除了依靠农业种植发展经济以外，柬埔寨主要依靠旅游业和成衣制造业驱动经济增长。柬埔寨的工业基础薄弱，由于工业发展大部分依靠外资，经济发展极易受到不稳定外部投资的干扰。此外，柬埔寨人民受教育水平普遍较低，高水平人力资源不足也是导致其劳动生产率较低的重要原因。

近年来，柬埔寨的工业化和城市化水平有所改观，实现了刺激经济增长的益贫性发展。柬埔寨正逐步融入地区经济发展体系，经济脆弱指数（EVI）已经由 2012 年的 50.5 下降到 2018 年的 34.8[1]，发展前景较为乐观。世界银行相关数据显示，柬埔寨自 1994 年至 2015 年的 GDP 平均增长率为 7.6%，并在 2015 年成为中低收入经济体[2]。2016 年至 2017 年，柬埔寨 GDP 增长率分别达到了 6.95% 和 6.81%[3]，2018 年至 2019 年，GDP 增长率预计均达到 7%[4]。柬埔寨的经济发展呈现出了资本带动劳动力同步转移的特点，进入到一个良性的转型轨道，构成了柬埔寨减贫的第二大动力[5]。按国内贫困线标准，柬埔寨贫困率呈现出逐年下降的趋势，已经由

---

[1] United Nations Conference on Trade and Development, *Statistical Tables on the Least Development Countries* – 2018, p. 2. https：//unctad. org/en/PublicationsLibrary/ldcr2018stats _ en. pdf，登录时间：2019 年 4 月 20 日。

[2] The World Bank，"Cambodia：Sustaining Strong Growth for the Benefit of All"，http：// www. worldbank. org/en/country/cambodia/publication/Cambodia – Systematic – Country – Diagnostics，登录时间：2019 年 4 月 20 日。

[3] World Bank national accounts data and OCED National Accounts data files， "Cambodia GDP Growth"，https：//data. worldbank. org/indicator/NY. GDP. MKTP. KD. ZG？locations = KH，登录时间：2019 年 4 月 20 日。

[4] Asian Development Bank，"Cambodia GDP Growth Rate"，https：//www. adb. org/data/statistics，登录时间：2019 年 4 月 20 日。

[5] 张瑶：《柬埔寨的减贫道路和中国一样吗?》，中国发展门户网，2019 年 1 月 10 日，http：//cn. chinagate. cn/news/2019 – 01/10/content_74359562. htm，登录时间：2019 年 4 月 22 日。

2003 年的 50. 2% 下降至 2012 年的 17. 7%①。与此同时，柬埔寨农村地区的贫困率由 2003 年的 54. 2% 下降至 2012 年的 20. 8%②。

作为较为落后的发展中国家，农村地区是柬埔寨促成国内整体经济转型的核心区域。鉴于生产能力扩张能够对可持续发展带来积极作用，柬埔寨仍需要以农业作为支柱产业振兴经济。但考虑到经济发展的可持续性，改变经济结构并促成产业升级是柬埔寨解决贫困问题的关键。柬埔寨商务部在年度经济报告中指出，为了加快融入东盟经济共同体并提高产业多样化水平，柬埔寨将继续完善国内投资环境，整合社会责任框架并优化公共服务项目。在政策选择上，柬埔寨政府现已优先考虑保障金融部门发展，加大社会经济储蓄，促进中期投资，减少国内财政赤字，并努力成为中高收入经济体。柬埔寨将继续维持经济增长并创造更多就业机会，切实提高民众的生活水平并减少贫困群体在国家总人口中所占的比重③。

（四）越南的贫困问题及其现状

自实施革新开放政策以来，越南积极调整经济结构以促进经济增长，在经济发展领域取得显著成就。按照世界银行的统计数据，2017 年，越南的国内生产总值达到 2239 亿美元，已经步入中等收入国家之列④。得益于中高速的经济增长水平，越南的绝对贫困人口数量不断减少，贫困发生率逐年降低。

越南政府对减贫问题给予高度重视，将消除贫困农村和贫困家庭作为

---

① World Bank Global Poverty Working Group，"Poverty Headcount Ratio at National Poverty Lines （% of population）"，https：//data. worldbank. org/indicator/SI. POV. NAHC？ locations = KH，登录时间：2019 年 4 月 22 日。

② World Bank Poverty Global Poverty Working Group，"Rural Poverty Headcount Ratio at National Poverty Lines （% of rural population）"，https：//data. worldbank. org/indicator/SI. POV. NAHC？ locations = KH，登录时间：2019 年 4 月 22 日。

③ The World Bank，"Cambodia Economic Update October 2018：Recent Economic Developments and Outlook"，November 28th 2018，http：//www. worldbank. org/en/country/cambodia/publi-cation/cambodia – economic – update – october – 2018 – recent – economic – developments – and – outlook，登录时间：2019 年 4 月 22 日。

④ World Bank national accounts data and OCED National Accounts data files，"Vietnam GDP"，ht-tps：//data. worldbank. org/indicator/NY. GDP. MKTP. CD？ locations = VN，登录时间：2019 年 4 月 23 日。

保持社会稳定的必要前提。其中，越共七届五中全会提出了扶贫工作的具体政策，国会和政府制定了国家扶贫规划与具体解决办法①。2002 年，越南颁布全面减除贫困及增长战略（Comprehensive Poverty Reduction and Growth Strategy，CPRGS）。文件分析指出，与 1990 年相比，越南的贫困家庭减少了一半以上，国内总体贫困发生率从 70% 下降到 2000 年的 32%②。同年，世界银行对越南各省分布的贫困人口数目进行统计，通过衡量其消费、就业和教育等有效指标，评估越南的集中扶贫政策并帮助其实现精准减贫③。2015 年，越南政府颁布 2016~2020 年阶段多维贫困标准，明确了贫困户、相对贫困户和中等偏下收入户的划分标准，为减贫政策的落实提供保障。关于贫困水平的衡量指标，该决议规定农村地区贫困户标准为人均月收入 70 万越南盾（约合 33.3 美元），城市地区为 90 万越南盾；农村地区相对贫困户标准为人均月收入 100 万越南盾，城市地区为 130 万越南盾④。此外，为了有效评估减贫效果，越南社会、劳动和残疾事务部（MOLISA）分别依据城市和农村的发展现状制定了不同的贫困线。考虑到农村地区的地形差异和自然条件，越南还对平原、山地、海岛地区的贫困标准进行区分，显示出减贫规划的专门性、针对性和层次性。2018 年，越南官方发布了以"消除一切形式的贫穷，确保人人生活质量"为主题的多维贫困报告。报告指出，按照越南的国家贫困线标准，其国内贫困人口比

---

① 黄振壮：《越南的贫困问题状况》，《东南亚纵横》（季刊）1997 年第 2 期（总第 47 期），第 17 页。

② *Comprehensive Poverty Reduction and Growth Strategy*（*CPRGS*），Approved by the Prime Minister at Document No. 2685/VPCP – QHQT，date 21th May 2002；and at Document No. 1649/CP – QHQT，dated 26th November 2003，p. 28，http：//siteresources. worldbank. org/INTVIET-NAM/Overview/20270134/cprgs_finalreport_Nov03. pdf，登录时间：2019 年 4 月 23 日。

③ Nicolas Minot，Bob Baulch ed. ，*The Spatial Distribution of Poverty for Targeting*，The World Bank Development Research Group Macroeconomics and Growth and International Food Policy Research Institute，April 2002，pp. 13 – 18.

④ 《越南政府总理颁发有关多维贫困标准的决定》，越通社，2015 年 11 月 23 日，https：//zh. vietnamplus. vn/% E8% B6% 8A% E5% 8D% 97% E6% 94% BF% E5% BA% 9C% E6% 80% BB% E7% 90% 86% E9% A2% 81% E5% 8F% 91% E6% 9C% 89% E5% 85% B3% E5% A4% 9A% E7% BB% B4% E8% B4% AB% E5% 9B% B0% E6% A0% 87% E5% 87% 86% E7% 9A% 84% E5% 86% B3% E5% AE% 9A/44801. vnp，登录时间：2019 年 4 月 23 日。

例已由 2012 年的 15.9% 下降至 2016 年的 9.1%，约 600 万人已摆脱贫困[1]。与此同时，越南还采取措施改善和优化贫困人口的外部环境，降低进入市场的门槛和成本，增加其参与经济增长进程的机会[2]。

受宏观经济发展的不稳定性和外部冲击的双重影响，越南现正面临着新的贫困问题。越南国内各地区和各民族之间存在明显的贫困差异，地区之间经济发展处于不平衡状态，贫困问题仍然较为严峻。目前越南的农村地区贫困人口较多、北部山地地区的贫困人口较多，少数民族聚居地区贫困人口较多。为帮助农村地区提高人均粮食产量，越南加快转变土地使用模式以促进农业结构转型，缩小了城乡发展差距。通过加大投资基础设施建设，越南创造了大量就业机会，利用职业教育来帮助贫困人口提高专业技能水平。为了进一步夯实既有减贫成果，越南尝试调整反贫困方案和社会保障计划。一方面，越南正通过提高农业生产水平、加快中小企业发展的方式削减贫困，改善国内经济发展环境；另一方面，在世界银行等相关国际组织的指导下，越南将教育、医疗、住房等基本公共服务供给纳入减贫体系之中，切实保障贫困人口的社会福利[3]。

（五）泰国的贫困问题及其现状

泰国属于中等收入国家，奉行自由经济政策。1997 年，泰国在亚洲金融危机中遭受重创，陷入经济衰退，发展停滞。进入 21 世纪以来，泰国的经济逐渐复苏。目前，泰国已经消除了国内的绝对贫困。2006 年至 2016

---

① 《越南多维贫困报告：2012 - 2016 年约 600 万越南人已经摆脱贫困》，越南人民报网，2018 年 12 月 19 日，http：//cn. nhandan. com. vn/society/item/6665201 - % E8% B6% 8A% E5% 8D% 97% E5% A4% 9A% E7% BB% B4% E8% B4% AB% E5% 9B% B0% E6% 8A% A5% E5% 91% 8A% EF% BC% 9A2012 - 2016% E5% B9% B4% E7% BA% A6600% E4% B8% 87% E8% B6% 8A% E5% 8D% 97% E4% BA% BA% E5% B7% B2% E6% 91% 86% E8% 84% B1% E8% B4% AB% E5% 9B% B0. html，登录时间：2019 年 4 月 23 日。
② 蔡荣鑫：《"益贫性增长"：越南的实践与经验》，《东南亚纵横》2009 年第 1 期，第 13 页。
③ The World Bank, "Vietnam Continues to Reduce Poverty, According to WB Report", April 5th 2018, https：//www. worldbank. org/en/news/press - release/2018/04/05/vietnam - continues - to - reduce - poverty - according - to - world - bank - report，登录时间：2019 年 4 月 23 日。

年，泰国按国家贫困线衡量的贫困人口比例已经从 21.9% 下降至 8.6%[①]；2016 年，泰国国内每日生活标准低于 1.90 美元的贫困人口占总人口比例为 0%[②]。此外，为继续提高经济发展活力，泰国政府于 2016 年颁布"工业 4.0"发展规划，并在 2017 年实施新一轮的经济和社会发展五年计划，旨在成为发展高附加值产业的高收入国家。

尽管泰国已经在减少极端贫困方面取得成效，但贫困仍然是影响泰国经济稳定和社会发展的重大问题，泰国边境地区、偏远地区和农村地区集中着较多的贫困人口。以泰国的国家贫困线作为参考指标，农村地区贫困人口占农村总人口数的 13.9%，贫困率较城市地区高出近 6.2%[③]。这些地区普遍利用农业促成经济发展，农业技术水平与现代化程度低成为限制减贫的主要因素。由于农业机械化水平不高，大部分民众通过增加作物耕种面积的方式实现增产，无法切实提高居民收入；农村地区教育水平落后，劳动力素质不高且缺少专业技能，民众很难凭借农业生产解决温饱问题。此外，随着泰国农村地区人口老龄化速度的加快，社会劳动生产率下降，将导致大量农村人口重返贫困。

泰国城乡贫困问题长期存在的根本原因是经济发展困境。一方面，泰国仍然承受着 1997 年亚洲金融危机余波的干扰，经济增长并未达到应有水平。泰国的 GDP 在 1997 年缩减了 1.4%，1998 年更是缩减了 10.5%，GDP 增长速度的放缓对泰国的社会经济建设产生了不利影响[④]。另一方面，泰铢的贬值加剧了经济萧条现象，失业人口数量有所增加。根据泰国中央银行的数据统计，泰国的失业率从 2014 年开始出现回升，2018 年失业率达到 1.1%[⑤]。泰国的贫困问题还面临着来自政治动荡的挑战。由于政局不

[①] World Bank Global Poverty Working Group, "Poverty Headcount Ratio at National Poverty Lines (% of population)", https：//data. worldbank. org/indicator/SI. POV. NAHC？ locations = TH, 登录时间：2019 年 4 月 23 日。

[②] Asian Development Bank, "Poverty in Thailand", https：//www. adb. org/countries/thailand/poverty, 登录时间：2019 年 4 月 27 日。

[③] The World Bank, "World Development Indicators：Poverty Rates at National Poverty Lines", http：//wdi. worldbank. org/table/1. 1, 登录时间：2019 年 4 月 27 日。

[④] （泰国）苏潘纳达·利潘昂达：《泰国省际差异、趋同性及其对贫困问题的影响》，《海派经济学》2014 年第 12 卷第 1 期，第 73 - 74 页。

[⑤] *Key Economic Indicators*, Statistic and Data Management Department, Bank of Thailand, December 28th 2018, p. 42.

稳，泰国经济发展的动力受到影响，基础设施、健康医疗等社会事业的发展缺乏保障，不利于有效解决城乡贫困问题。而且，泰国的收入不平等现象导致国内贫富差距日益扩大，社会财富不断向富人群体集中，贫民因工资收入较低无法满足生活需要，难以快速脱离贫困。

随着国内投资和消费环境的改善，泰国力图通过实现农业现代化来帮助农民增加收入，注重发展高新科技产业并提升制造业发展水平，同时还利用服务业逐渐提升经济发展活力[①]。泰国中央银行还制定了三年发展战略（2017~2019），主要就金融体系和财政体系的建设提出具体方案，并关注内部优势的有效发挥[②]。泰国未来将针对提高就业体系的稳定性、加强社会福利投入、完善公共基础设施项目等方面付出努力，并切实保障贫困人口得到公平的教育机会。

二、澜湄合作机制框架下的减贫合作

澜湄合作机制框架下的减贫合作正稳步落实，并取得一定成效。澜湄合作成员国共同成立了减贫联合工作组，积极落实于 2016 年 12 月正式启动的"东亚减贫合作倡议"，在湄公河地区广泛进行减贫合作。在《澜湄合作五年行动计划（2018—2022）》的构想中，2018 年至 2019 年为澜湄合作机制奠定基础阶段，重在加强各领域合作规划，推动落实中小型合作项目；2020 年至 2022 年为巩固和深化推广阶段，重在加强五大优先领域合作，拓展新的合作领域，以呼应成员国发展需求，完善合作模式，逐步探讨大项目合作[③]。其中，澜湄合作各成员国共同制定了"澜湄可持续减贫

---

① "Thailand's Economic Outlook in Six Charts", International Monetary Fund, June 8th 2018, https：//www.imf.org/en/News/Articles/2018/06/07/NA060818 – Thailands – Economic – Outlook – in – Six – Charts，登录时间：2019 年 4 月 27 日。

② 《2017 - 2019 三年计划》，泰国人民银行，https：//www. bot. or. th/Thai/PressandSpeeches/Press/News2559/n6759t. pdf，登录时间：2019 年 4 月 27 日。

③ 《综述：从"培育期"到"成长期"——澜湄合作收获喜人、前景光明》，中华人民共和国中央政府网站，2018 年 1 月 11 日，http：//www. gov. cn/xinwen/2018 – 01/11/content_5255703. htm，登录时间：2019 年 4 月 30 日。

区域合作

合作五年计划",旨在推动澜湄国家减贫经验交流和知识共享①。该计划将
致力于提高澜湄合作成员国的减贫能力,通过开展村干部交流和启动包括
减贫示范项目在内的多种措施促成全方位减贫。

(一) 澜湄合作机制的减贫规划

农业与减贫是澜湄合作的优先领域。结合东亚减贫合作倡议的项目设
计,未来3年中国将在老挝、柬埔寨、缅甸的6个村合作开展道路、供水
等基础设施建设,扶持种植、养殖等农业产业,并开展社区环境整治、提
供物资支持和派遣专家开展培训等活动②。在替代种植与疫情防控项目上,
中国云南省充分发挥区位优势参与边境扶贫工作,将与湄公河五国开展优
势产业种植、良种培育、农技培训、农产品贸易等农业扶贫合作③。此外,
澜湄合作机制关注各成员国在农产品和水产加工等领域的合作,通过多种
手段促成次区域减贫。与此同时,包括中国在内的澜湄六国将通过产能合
作开展扶贫活动。依托交通互联互通和产业集聚区平台,湄公河五国加强
了在电力设施、冶金建材、配套工业、轻工纺织、医疗设备、信息通信、
轨道交通、装备制造等方面的合作,以产能扶贫带动区域经济发展。

中国将优先使用2亿美元的南南合作基金,帮助湄公河五国落实联合
国2030年可持续发展议程所设定的各项目标。中国国际扶贫中心特别为湄
公河次区域的减贫合作提供了资金支持。除了亚洲基础设施投资银行(AI-
IB)、丝路基金等平台以外,中国设立了100亿元人民币优惠贷款和100亿
美元信贷额度,用于支持湄公河流域基础设施建设和产能合作项目④。中

---

① 《李克强在澜沧江—湄公河合作第二次领导人会议上的讲话》,澜沧江—湄公河合作官方
网站,2018年1月11日,http://www.lmcchina.org/zywj/t1524906.htm,登录时间:2019
年4月30日。
② 《东亚减贫合作示范项目正式启动》,中华人民共和国商务部网站,2016年12月15日。
文章来源:驻老挝经商参处,http://www.mofcom.gov.cn/article/i/jyjl/j/201612/2016120
2211178.shtml,登录时间:2019年4月30日。
③ 《澜湄减贫合作稳步推进》,《云南日报》,2018年3月22日,http://yndaily.yunnan.cn/
html/2018-03/22/content_1209731.htm?div=-1,登录时间:2019年4月30日。
④ 可参见《澜湄合作补充已有大湄公河次区域合作中国贡献将更大》,中央政府门户网站,
2016年3月25日,http://www.gov.cn/zhengce/2016-03/25/content_5057637.htm,登录
时间:2019年4月30日。

方还倡议建立澜湄合作专项基金，在未来 5 年提供 3 亿美元用于支持各国提出的中小型合作项目。目前来看，2017 年度澜湄合作专项基金支持的大部分项目已经完成或取得实质性进展；2018 年度澜湄合作专项基金申请和审批已经完成，各成员国集体宣布了支持项目清单①。

1. 澜湄合作机制的减贫目标

结合湄公河流域的既有合作情况和未来发展趋势，澜湄合作机制制定了具体的减贫规划，并重点面向贫困指数较高的缅甸、老挝、柬埔寨开展减贫项目合作，主要就提高澜湄次区域的经济发展水平提出了对策建议。总体上，澜湄合作机制重视减贫的综合性和全面性，主要利用多种形式的减贫合作来实现湄公河流域的全面发展、协同发展和绿色发展。

首先，实现全面发展的减贫目标。湄公河五国的贫困问题成因复杂，受自然条件限制和经济发展滞后的影响，湄公河流域的整体发展水平不高。澜湄合作机制以湄公河国家的共同利益为基础，试图通过全面合作缩小地区发展差距，解决湄公河地区的贫困问题并实现共同繁荣。

其次，实现协同发展的减贫目标。在全球经济出现下行的大背景下，澜湄流域各国亟待提升工业化水平和城市化水平，具有相同的发展任务。澜湄六国作为平等的合作伙伴，将通过经济、政治、安全等领域的全面合作，从根本上消除贫困问题和发展障碍。因此，澜湄合作机制秉承开放包容的发展理念，关注湄公河国家之间的经济互补性并着力促成次区域的协调发展。在具体的实践层面上，澜湄合作机制提出"澜湄可持续减贫合作五年计划"，进行减贫经验交流共享并利用减贫合作示范项目刺激经济增长，以期能够最大限度地削减贫困。

最后，实现绿色发展的减贫目标。对于湄公河五国而言，贫困问题的产生与产业结构落后、资源开发不合理等问题密切相连，实际上属于逆向绿色贫困。湄公河流域传统的农业发展模式对自然资源存在明显的破坏，生态环境恶化和生态保护缺乏加剧了湄公河五国的贫困问题。为了能够实现湄公河流域的可持续发展，澜湄合作将生态环境保护与经济发展结合起来，积极探索减贫合作新路径，提出绿色减贫方案并倡导共同应对流域综合治理问题，主张发展绿色产业和低碳服务，尤其是加大对绿色农业的扶

---

① 《澜湄合作第四次外长会议联合新闻公报》，澜沧江—湄公河合作网站，2019 年 1 月 7 日，http://www.lmcchina.org/zyxw/t1627448.htm，登录时间：2019 年 4 月 30 日。

持力度。

2. 澜湄合作机制的减贫理念

首先，澜湄合作机制中的减贫合作坚持"共建"理念。澜湄合作成员国共同参与减贫规划的设置，逐步形成提高减贫绩效的利益共同体。澜湄六国在减贫合作中坚持民心相通和政策沟通的原则，关注各成员国的实际发展需求。而且，澜湄合作机制将各国发展战略进行有效对接，积极推动基础设施建设、跨境经济合作区建设和现代化农业建设，使减贫合作发展成果惠及各国人民。

其次，澜湄合作机制中的减贫合作坚持"共商"理念。澜湄合作中提倡的减贫项目完全由域内国家自主协商，有关项目规划和议程设置秉承共同协商的原则，保证了减贫项目的实施效果。借助澜沧江—湄公河流域的地缘条件，澜湄合作机制设立了澜湄专项基金项目合作计划，推动了澜湄六国的相互开放并探索澜湄流域共同市场的建设，以多领域合作项目为依托共同探讨次区域减贫合作，真正实现澜湄流域的可持续发展。

最后，澜湄合作机制中的减贫合作坚持"共享"理念，成员国之间积极交流减贫经验。基于共享原则，信息、资金和技术等有效资源能够在湄公河地区国家之间形成良性循环，有利于各项减贫项目的顺利推广。

（二）澜湄合作机制的减贫项目与减贫成果

1. 澜湄合作机制的减贫项目

澜湄合作机制框架下的基础设施建设具有明显的指向性，为湄公河地区带来新的经济增长动力。为帮助次区域各国实现资源高效配置，澜湄合作通过基础设施建设与产能投资项目来推动次区域减贫进程。基础设施建设的完善能够发挥"乘数效应"，是贫困国家减缓贫困的首要条件。借助亚洲基础设施投资银行的资金扶持，澜湄合作机制为次区域的互联互通提供了有力支撑，减贫合作积极适应各成员国的发展需求。此外，澜湄合作还推动了湄公河流域的公路建设与铁路建设，关注老挝、越南、泰国、柬埔寨的铁路与公路建设的密度指标，设立了有关基础设施领域的早期收获项目。

与此同时，澜沧江—湄公河地区的产能合作也为次区域减贫合作提供有利条件，各成员国一致签署了产能合作联合声明。在完善基础设施建设、推动互联互通的基础上，澜湄六国采用直接投资、工程承包、技术合作和装备进出口等多种合作方式提升地区贸易投资合作和所有合作伙伴的产业发展能力①。依据澜湄六国的实际情况和减贫需求，澜湄合作机制优先推进装配制造和产品加工等领域的产能合作，加大在电力、电网领域的合作力度，促进湄公河地区的产业结构升级。

澜湄合作机制正进入快速发展的新阶段，在减贫领域的合作力度不断加大。除了向湄公河五国推广减贫示范项目，机制还借助农业合作促进次区域减贫。澜湄合作的各成员国正在推动落实"东亚减贫合作倡议"并通过了《澜湄国家减贫合作非文件》，老挝、缅甸与柬埔寨已经与中国签署项目实施协议。尤其是，澜湄合作机制框架下的减贫联合工作组对民生问题进行持续关注，重视对减贫经验的交流。减贫联合工作组对减贫合作的评估和验收发挥了重要作用，带动了各成员国在多边合作机制框架下对减贫事务的参与。

澜湄合作机制关注跨境经济区建设，提出了落实《澜湄国家关于加强跨境经济合作部长级联合声明》的系列安排，明确了澜湄合作跨境经济合作联合工作组职责范围，就跨境经济合作计划深入交换意见并达成共识。机制下的跨境经济区建设重视生产要素的有效集聚与合理配置，利用辐射效应带动减贫合作项目的实施。目前，澜湄合作机制主要利用建立跨境经济合作区试点的方式实现经济合作，旨在提升湄公河五国的经济转型能力，打造中南半岛地区全面开放的发展格局。特别是，中国充分发挥云南省在澜湄合作机制中的地缘优势，以跨境经济园区合作为平台推动次区域经贸合作。

澜湄六国还通过推动电子商务的创新发展和加强金融合作的方式深化澜湄合作，为减贫合作创造更多的有利条件。目前，澜湄合作跨境经济合作联合工作组就《澜湄区域合作智能贸易网络倡议》交换了意见并达成原则共识，并讨论澜湄国家在电子商务、经济技术、园区建设与运营等领域的合作②。在澜湄合作机制框架下，澜湄六国将网络信息技术与次区域贸

---

① 《澜沧江—湄公河国家产能合作联合声明》，澜沧江—湄公河合作官网，2016 年 8 月 23 日，http：//www.lmcchina.org/zywj/t1511264.htm，登录时间：2019 年 4 月 30 日。

② 《澜湄合作跨境经济联合工作组第二次会议在昆明举行》，中华人民共和国商务部网站，2018 年 6 月 20 日，http：//www.mofcom.gov.cn/article/ae/ai/201806/20180602757118.shtml，登录时间：2019 年 5 月 3 日。

易合作进行有机结合，有利于加快行业创新发展速度，为湄公河流域各国人民增加就业机会。

2. 澜湄合作机制的减贫成果

（1）推动基础设施建设加快取得减贫成果。中国是澜湄合作机制中资金基础和技术水平较为成熟的国家，牵头并参与了与其他湄公河国家在铁路、公路、航空和水路运输方面的基础设施建设项目。依据地形条件、水域分布和地形划界等实际情况，澜湄合作机制框架下的基础设施建设制定了合理详细的发展规划，并重点推动了中南半岛地区的铁路建设。

在铁路建设方面，中老铁路建设于 2016 年 12 月全线开工，2017 年进入全面施工状态，至 2018 年底，项目建设累计完成投资 118 亿元，占项目总投资的 31.5%。中老铁路的重难点工程和控制性工程正在稳步推进，2019 年，路基、桥梁工程计划完成已招标工程的 95%，隧道工程将完成已招标工程的 90%，铺轨基地和站房工程建设将全面展开①。2018 年 10 月，中缅铁路缅甸境内起始段、中缅经济走廊骨架支撑中缅木姐—曼德勒铁路正式签署项目可行性研究备忘，曼德勒—皎漂铁路、曼德勒—仰光铁路也已进入研究规划。目前，中缅铁路中国境内路段昆明—大理段已正式运营，大理瑞丽段也正在建设中，预计 2020 年建设完工②。

在公路建设方面，昆曼国际公路（Kunming – Bangkok Road）沿线段的继续完善提高了中国、老挝、泰国之间的陆上交通运输的通达性，有利于各国之间的经济交流与发展互动。以柬埔寨为例，其国道的 45% 以上由中国企业建成，柬埔寨利用外国政府资金修建的 12 座大桥中的 7 座由中方提供资金并建造③。此外，自澜湄合作机制建立以来，中国国内航空公司新开通至湄公河国家航线 183 条；湄公河国家新开通至中国航线 149 条④，深化了湄公河地区各国的沟通与联系。

---

① 《中老铁路 2019 年将完成九成已招标桥隧工程》，澜沧江—湄公河合作官网，2019 年 2 月 14 日，http：//www. lmcchina. org/sbhz/t1637899. htm，登录时间：2019 年 5 月 3 日。

② 《中缅官员联合考察中缅铁路昆明—大理段》，澜沧江—湄公河合作官网，2019 年 2 月 22 日，http：//www. lmcchina. org/sbhz/t1640074. htm，登录时间：2019 年 5 月 3 日。

③ 《澜湄沃土再育中柬合作新硕果》，中华人民共和国中央政府网站，2018 年 1 月 9 日，http：//www. gov. cn/xinwen/2018 – 01/09/content_5255741. htm，登录时间：2019 年 5 月 3 日。

④ 《澜湄国家经贸合作迈上新台阶》，人民网，2018 年 1 月 10 日，http：//opinion. people. com. cn/n1/2018/0110/c1003 – 29757432. html，登录时间：2019 年 5 月 3 日。

澜沧江—湄公河区域经济发展同样有赖于水路交通基础设施的完善。澜沧江航道工程的实施改善了湄公河地区的运输条件，有利于满足各国发展需要并提高澜湄流域的客货承载能力。2016 年 4 月，澜沧江 243 号中缅界碑至老挝琅勃拉邦 631 公里航道整治工程前期工作正式组织实施，老挝和缅甸境内的外业勘察工作有序进行。2017 年 3 月，澜沧江 244 界碑至临沧港四级航道建设工程计划实施，该项目完工后，中国临沧至中缅 244 号界碑 418 公里将可常年通行 500 吨级船舶①。

（2）利用产能合作与项目投资促成减贫的成果。在澜湄合作机制框架下，中国加快了与周边国家在产能领域的项目合作。其中，柬埔寨是湄公河流域产能合作的最大受益者。中资发电企业是柬埔寨最大的电力提供商，帮助柬方铺设了最长的光缆和首条国际海底光缆，为其工业发展做出了重要贡献。中方"湄公河太阳村"计划助力了柬埔寨的民生发展，共计300 套离线光伏发电设备、100 台太阳能学习灯和 10 台太阳能电视及天线等有关设备将由柬方执行单位陆续送抵并安装在柬埔寨茶胶省，解决 300户居民及部分学校、医院公共场所的用电问题②。中企承建桑河二级水电站已经正式投产运营，水电站总库容 27.2 亿立方米，总装机容量 40 万千瓦，占柬埔寨全国总装机容量的近 20%，年发电量可达 19.7 亿千瓦时。按照柬埔寨全国 1400 万人口、全年社会用电量 88 亿千瓦时来计算，桑河二级水电站能够解决约 300 万柬埔寨人一年的用电问题，极大地改善了贫困地区人口的生活条件③。

老挝和缅甸也积极利用电力设施建设促进国内经济发展，带动贫困人口减贫。老挝南欧江梯级电站将水利能源转化为社会发展的有利资源，水电站项目全部建成后将保障老挝全国 12% 的电力供应。截至 2018 年 6 月，一期项目已累计发电超过 27 亿千瓦时，二期项目将于 2020 年内全部投产

---

① 《澜沧江提升航道等级　将可常年通行 500 吨级船舶》，澜沧江—湄公河合作官网，2017年 3 月 29 日，http：//www.lmcchina.org/sbhz/t1513381.htm，登录时间：2019 年 5 月 3 日。

② 《"湄公河太阳村"点亮柬埔寨》，澜沧江—湄公河合作官网，2019 年 1 月 7 日，http：//www.lmcchina.org/sbhz/t1627492.htm。

③ 《中企承建桑河二级水电站正式投产运营　为柬埔寨经济发展提供强大动力支撑》，澜沧江—湄公河合作官网，2019 年 1 月 9 日，http：//www.lmcchina.org/sbhz/t1628002.htm，登录时间：2019 年 5 月 3 日。

发电①。在缅甸，国家电网公司缅甸北克钦邦与 230 千伏主干网联通输电工程开工仪式在瑞博变电站成功举行，该项目旨在推广国家电网先进技术，落实全球能源互联网倡议并扩大电力能源领域的国际产能合作②。此外，中国南方电网公司还与越南、老挝、缅甸开展了电网线路的建设合作，不仅缓解了各国边远地区电力紧缺的情况，而且有效地促进了电力工业发展并刺激了社会经济增长。

跨境经济合作是推动次区域减贫的另一有效途径。依据中泰双方签署的澜湄合作专项基金项目合作协议，中方将与泰方共同参与跨境经济特区联合发展、贸易和物流边境设施升级改造、澜湄商务论坛以及次区域农村电子商务发展 4 个具体项目③。与此同时，中缅经济走廊的建设与中越跨境经济合作的推进也为湄公河地区的投资发展提供了良好平台。在湄公河五国建设的柬埔寨西哈努克港经济特区、老挝万象塞色塔综合开发区、越南龙江工业园和深圳—海防经贸合作区、泰中罗勇工业园等产业园区进展顺利，为次区域整体经济发展带来机遇④。

（3）借助农业发展合作实现减贫的成果。澜湄合作各成员国的农业部门高度重视农业合作项目的推广实施，积极落实减贫合作的项目规划。在澜湄合作首次领导人会议上，各国提出将采取措施支持开展农业技术交流与农业能力建设合作，在湄公河国家合作建立更多的农业技术促进中心，建设优质高产农作物推广站（基地），加强渔业、畜牧业和粮食安全合作，提高农业发展水平⑤。

---

① 《六国记者深入老挝 感受发展进程中的"澜湄"力量》，新华网，2018 年 8 月 2 日，http：//www. xinhuanet. com/zgjx/2018 - 08/02/c_137363085. htm，登录时间：2019 年 5 月 3 日。

② 《国家电网缅甸 230 千伏主干网联通输电工程开工仪式成功举行》，澜沧江—湄公河合作官网，2019 年 1 月 8 日，http：//www. lmcchina. org/sbhz/t1524081. htm，登录时间：2019 年 5 月 7 日。

③ 《中泰双方签署澜湄合作专项基金泰方首批项目合作协议》，中华人民共和国驻泰王国大使馆，2018 年 4 月 19 日，http：//www. chinaembassy. or. th/chn/dszl/dshd/t1552387. htm，登录时间：2019 年 5 月 7 日。

④ 《中国和湄公河五国贸易、投资和各领域合作成果丰硕》，云南网，2017 年 12 月 16 日，http：//special. yunnan. cn/feature15/html/2017 - 12/16/content_5020532. htm，登录时间：2019 年 5 月 7 日。

⑤ 《澜沧江—湄公河合作首次领导人会议三亚宣言（全文）》，新华社网站，2016 年 3 月 23 日，http：//www. xinhuanet. com//world/2016 - 03/23/c_1118422397. htm，登录时间：2019 年 5 月 7 日。

　　澜湄合作中的减贫合作技术援助项目涵盖了农业生产援助，主要的帮扶对象是缅甸、老挝和柬埔寨，为促进农业现代化和改善各国民生起到促进作用。减贫合作项目主要由中国商务部和国务院扶贫办发起，云南省国际扶贫与发展中心、广西外资扶贫项目管理中心和四川省扶贫和移民局项目中心分别承担缅甸、老挝和柬埔寨的减贫示范合作项目①。

　　缅甸已经从澜湄合作专项基金项目中获得减贫收益，当地居民的温饱问题基本得到妥善解决。具体来看，中方将资助缅方开展包括湄公河缅甸万崩港扩建可行性研究、水稻良种培育及优化种植、咖啡产量和质量提升、农村发展和蔬菜栽培技术转移、水果与蔬菜安全优质种植技术、推广家庭园艺技术等方面的减贫项目，共享农业防汛抗旱技术经验②。替代种植合作在缅甸也取得了可喜的成效，佤邦南部以及掸邦东部第四特区现已参与项目合作。在缅甸，该项目正在从粮食作物种植向经济作物种植转型，旨在为农民提供更多增加收入的机会。此外，老挝也积极参与了替代种植项目。在云南西双版纳傣族自治州，至2018年开展境外替代种植的企业有38家，实施项目共有41个。相关项目主要分布在老挝的南塔、乌多姆赛、丰沙里、琅勃拉邦、万象等北部省份，主要涵盖稻谷、玉米、橡胶、香蕉等作物种植，全州替代种植企业累计在境外投资超过20亿元人民币③。

　　通过统筹湄公河流域的多种优势条件，澜湄六国得以顺利开展农林牧渔经济合作，实现了减贫规划的有效实施。澜湄合作机制的农业项目联合小组制定了4个早期收获项目，即鱼类和水产养殖、水稻病害的预警和控制、提高生产质量以及作物研发。为了协助湄公河地区国家提高农业技术和综合生产力，中方承诺支持农业项目的澜湄合作特别信托基金1378万

---

① 《澜湄减贫合作研讨会在昆召开：云南抓紧推进援缅减贫示范合作技术援助项目》，云南网，2018年3月21日，http://yn.yunnan.cn/html/2018 – 03/21/content_5133190.htm，登录时间：2019年5月7日。

② 《缅中签署澜湄合作专项基金项目合作协议》，澜沧江—湄公河合作官网，2019年1月8日，http://www.lmcchina.org/sbhz/t1524141.htm，登录时间：2019年5月12日。

③ 《西双版纳："走出去"疗毒"金三角"》，新华网，2018年11月19日，http://www.xinhuanet.com//globe/2018 – 11/19/c_137601305.htm，登录时间：2019年5月12日。

元，并已经付诸实施①。澜湄合作计划还通过实施湄公河次区域水稻绿色增产技术示范项目、澜湄流域农作物主要病虫害绿色防控项目来提升次区域的农业生产水平。在相关合作领域，同时实施澜湄国家跨境动物疫病防控技术交流与合作项目、澜湄联合渔业增殖放流项目，重点实施澜湄流域国家热带农业人才培育工程、湄公河流域国家沼气技术培训等多种人员培训项目②。

三、澜湄合作机制框架下减贫合作的限制因素

以澜沧江—湄公河为中心的次区域合作主要围绕双边合作和多边合作展开。从多边合作机制的运作方式来看，由于澜湄流域内的众多合作机制在减贫合作的规划上存在交叠，少数机制与澜湄合作机制存在明显竞争，澜湄合作机制促进次区域减贫的力度有待加强。从双边合作的发展进程来看，域外国家对澜沧江—湄公河流域的关注正持续增加，大国势力的干预和介入对澜湄合作机制的减贫成效带来影响，制约了该合作机制在中南半岛地区减贫合作中的发展空间。受限于这些限制性因素，虽然澜湄合作机制将减贫合作视为优先合作领域，但在推进减贫合作的过程中仍存在较多困难。

（一）湄公河次区域亟待进行机制协调

因现有多数湄公河次区域合作机制发起时间较早，运作周期较长，在技术层面具有先导性优势并拥有较为丰富的合作经验，澜湄合作机制在该地区的深入推进存在较多限制。澜湄合作机制成员国与东盟其他成员国之间存在利益协调问题。

---

① 《中国促进澜湄合作的农业发展》，中华人民共和国商务部网站，2017 年 12 月 14 日，http：//www. mofcom. gov. cn/article/i/jyjl/j/201712/20171202685144. shtml，登录时间：2019 年 5 月 12 日。

② 《澜湄合作农业合作哪些领域最具前景？中国农业部划重点》，人民网，2017 年 12 月 16 日，http：//finance. people. com. cn/n1/2017/1216/c1004 – 29711082. html，登录时间：2019 年 5 月 12 日。

1. 经济合作机制较多，造成机制堵塞

面向澜沧江—湄公河流域的次区域合作兴起于 20 世纪 90 年代。随着安全与战略环境的日益复杂化，澜湄流域内存在新老合作机制相互交叠的现象，各个合作机制均对减贫合作产生一定影响。其中，1993 年倡导的"中老缅泰黄金四角合作"、1995 年成立的新湄公河委员会（MRC）、1996年发起的"东盟—湄公河流域开发合作"（AMBDC）、1999 年成立的"柬老越发展合作三角区"、2000 年规划的"湄公河—恒河合作倡议"（Mekong – Ganga Cooperation）、2003 年实施的"伊洛瓦底江—湄南河—湄公河经济合作战略"（ACMECS）、2009 年推出的"湄公河下游行动倡议"（Lower Mekong Initiative）以及 2011 年提出的"韩国—湄公河国家外长会议"，均是湄公河流域多边减贫机制的重要组成部分①。特别是东盟—湄公河流域开发合作涉及农业、工业、基础设施、矿产开发、投资贸易等相关领域，旨在加强东盟国家与湄公河流域国家的经济互动与合作，实现地区包容而公平的经济增长②。此外，柬老缅越四国合作（CLMV）也强调加强国家间市场与经济的全面融合，有意将湄公河流域打造成包容且开放的活力地区。

考虑到减贫项目实施的长期性与持续性，多边合作机制的交叠并不利于澜湄合作机制有效发挥在次区域减贫合作中的作用。根据国际机制概念与机制之间的联系，国际机制的重叠现象主要有三种表现：主体重叠、问题重叠和功能重叠③。在湄公河流域的众多合作机制中，大湄公河次区域经济合作机制（GMS）与澜湄合作机制（LMC）在参与成员国、制度功能设计、机制运作方式等内容上表现出相似性，两者构成了明显的竞争关系。首先，澜湄合作机制与大湄公河次区域经济合作机制的成员国均包括中国、老挝、缅甸、泰国、柬埔寨和越南，参与合作的主体完全相同。其次，两者均积极关注次区域减贫问题，在规划合作中都对基础设施建设和

① 关于澜湄流域各个多边合作机制的具体论述，可参见罗圣荣：《澜湄次区域国际减贫合作的现状、问题与思考》，《深圳大学学报》（人文社会科学版）2017 年第 3 期，第 107 – 108 页；罗仪馥：《从大湄公河机制到澜湄合作：中南半岛上的国际制度竞争》，《外交评论》2018 年第 6 期，第 122 页。

② 周士新：《澜沧江—湄公河合作机制：动力、特点和前景分析》，《东南亚研究》2018 年第 1 期，第 73 页。

③ 罗圣荣、杨飞：《国际机制的重叠现象及其影响与启示——以湄公河地区的国际机制为例》，《太平洋学报》2018 年第 26 卷第 10 期，第 23 页。

产能合作进行了力度较大的支持。最后，在决策原则和制度规范等内容上，大湄公河次区域经济合作和澜湄合作显示出了功能设置的类似性。这两种机制都选用了磋商对话等方式进行机制框架下的合作协调，并通过定期的工作会议和发展论坛来跟踪项目合作进度。

综上所述，澜湄合作机制与其他区域合作机制之间存在功能重叠，亟须增强制度化水平以促进自身在减贫领域发挥更大作用。由于各个多边机制的制度化水平层次不一，在落实减贫项目的过程中难以实现协调发展，往往不能维持相互促进的升级发展关系。一方面，在湄公河流域机制过剩的条件下，湄公河五国参与项目合作的选择较多。澜湄合作机制相较于其他合作机制而言，成立和发展时间较晚，在减贫领域积累的合作经验尚且不足。从长远发展的角度来看，澜湄合作机制需要主动维持区域经济秩序并提高公共产品的供给水平，以加强其在减贫项目推进中的实际影响。另一方面，由于澜湄流域的东南亚国家经济基础较为薄弱，参与地区经济合作的能力尚且有限，对既有合作机制的选择存在考虑自身利益的主观取舍。而且，在多边合作机制相互交叠的情况下，域内各国对澜湄合作机制促成减贫合作的认同度与信任度仍有较大提升空间。

2. 域外国家持续参与湄公河地区事务

域外国家主导的合作机制类目繁多且相互交叠，远高于湄公河流域对区域合作机制的实际需求。究其根源，中南半岛地区的地缘战略价值加剧了各国在机制合作中的主导权竞争，也加剧了多边合作机制的不兼容性。由于各国在湄公河流域的利益存在重叠与交叉，围绕该地区的地缘政治角力逐步展开。考虑到中国在湄公河地区存在明显的地缘优势，域外国家对中国推动地区合作的意图存在质疑，尤其是美国认为中国正借此提升区域影响力并试图创造由自身领导的体制框架[①]。由于中国是澜湄合作机制框架下相关减贫项目的主要倡议方，合作机制之间相互掣肘的负面影响越发作用于澜湄合作机制的减贫效果，不利于该机制深入推进次区域经济规划与减贫方案。湄公河地区的众多机制虽然均以提高经济发展水平为诉求，但参差不齐的发展水平导致了机制之间的相互倾轧，不仅影响了次区域减贫合作的整体效果，也限制了包括澜湄合作机制在内的各机制促进自身的

---

① Akira Suehiro, "China's Offensive in Southeast Asia: Regional Architecture and the Process of Sinicization", *Journal of Contemporary East Asia Studies*, 2017.

优化升级。

美国、日本、韩国和印度对湄公河地区事务的参与度较高，周边国家广泛参与机制合作并致力于域内资源的共同开发。澳大利亚、欧盟和俄罗斯由于远离湄公河地区，在该地区并无直接的政治和经济利益，而更注重其软实力的影响。澳大利亚关注湄公河流域的可持续发展进程，重点支持湄公河国家的基础设施建设并加强对该地区水资源的管理；欧盟国家则坚定地推动湄公河国家在民主、人权、环保和扶贫等方面的发展，意在扩大欧盟的政治影响力①；俄罗斯则与湄公河流域的东南亚国家进行能源合作和贸易投资，提出应建立统一的次区域发展规划并关注澜湄流域的合作机制建设。

（1）美国对湄公河地区事务的参与。美国持续关注湄公河地区事务，是湄公河地区相关合作机制的主要倡导国之一。自20世纪至今，美国相继推出了下湄公河流域调查协调委员会、湄公河过渡委员会以及湄公河委员会等关于湄公河开发的行动规划。越南战争期间，美国尤其重视湄公河地区的战略地位，对湄公河地区的经济扶持较为强劲②。随着越南战争的停火和冷战的结束，美国对中南半岛地区的外交政策进行了重新评估，并通过一系列的具体措施对湄公河流域国家采取积极的外交政策。

美国利用"湄公河下游行动倡议"为提升其在湄公河流域的影响力创造条件。由奥巴马在其任期内推出的"湄公河下游行动倡议"（LMI），涉及能源合作、农业合作和环境保护合作，主要关注湄公河流域的农业和粮食安全，以促进粮食的高质量增产和农业贸易的可持续发展。在第11次"湄公河下游倡议"部长级会议上，各成员国再次强调该机制为湄公河流域经济一体化和可持续发展做出的贡献，并批准了更新和简化机制工作流程的联合计划③。

由于湄公河流域各国在整体上存在相互依赖关系，美国加强与湄公河

---

① 毕世鸿：《机制拥堵还是大国协调：区域外大国与湄公河地区开发合作》，《国际安全研究》2013年第2期，第65页。

② 屠酥：《美国与湄公河开发计划探研》，《武汉大学学报》（人文科学版）2013年第66卷第2期，第122–123页。

③ "11ᵗʰ LMI Ministerial Joint Statement"，Lower Mekong Initiative，August，4，2018，https：// www. lowermekong. org/news/11th – lmi – ministerial – joint – statement，登录时间：2019年5月17日。

五国的经济合作能够对其施加政治层面上的影响。基于发展美式民主和推广人权价值观双重目标，美国积极在中南半岛国家推进"颜色革命"，利用非政府组织发动街头政治运动、支持各国的政治反对派、直接向当事国政府施加压力等方式争夺舆论阵地，对湄公河流域国家的内部事务进行了不同程度的介入[①]。例如，在冷战期间，美国极力影响老挝国内政局动向，试图将老挝变为反共堡垒；冷战结束后，美国对越南人权问题的指责表明其并未放弃对越南的和平演变。近年来，美国对中南半岛地区的事务干涉有增无减。美国以违反选举原则为借口，削减了对柬埔寨提供的经济援助；美国对缅甸实行了严苛的经济制裁并批判缅甸的民主化改革问题，试图通过外交方式改变其国内政治环境；美国还利用美泰同盟关系对泰国的政治事务进行干预。

冷战结束后，在"一超独霸"的单极国际关系权力格局影响下，美国在东南亚地区处于绝对的支配地位。但随着中国的崛起和中国—东盟双边关系的迅速发展，中美两国在亚太地区的权力结构已经发生了根本性的变化[②]。美国担忧湄公河地区将形成以中国为主导的等级秩序，中南半岛国家成为美国加强双边外交的重要对象，湄公河五国对美关系有所变化。首先，美国利用外交协商逐渐实现了美越关系的正常化，尤其在经贸领域开展深入合作，将越南作为战略支点对中国进行牵制；其次，美国巩固了与泰国之间的盟友关系，积极改善与柬埔寨、老挝的外交关系，与缅甸进行接触并关注其国内的政治改革；最后，美国以开展对外援助的方式帮助湄公河五国削减贫困，而且存在制衡中国影响力的考量。

（2）日本对湄公河地区事务的参与。日本参与湄公河地区减贫事务的时间较长，在减贫合作领域取得了显著成效。1992年，亚洲开发银行正式启动大湄公河次区域经济合作机制（GMS），日本在其中扮演重要角色。1993年，日本提出了较为完备的湄公河开发合作计划，并专门成立"大湄公河开发委员会"指导相关合作。2008年，在第一届日本—湄公河外长会议上，日本提出将大力推进经济走廊建设，并逐步增加官方发展援助

---

① 陈翔：《美国在中南半岛推行"颜色革命"的现状及中国的应对》，《江南社会学院学报》2017年第19卷第2期，第7页。

② 刘稚主编：《澜沧江—湄公河合作发展报告（2017）》，社会文献出版社2017版，第37页。

（ODA）以促成湄公河地区贸易与投资的有机结合①。自 2009 年起，日本开始与湄公河五国领导人定期举行首脑会议或外长会议，积极探讨次区域的减贫问题，主要开展关于基础设施建设、水资源管理等方面的合作。

日本较早地关注了湄公河流域的贫困问题，在湄公河地区保持了较高的活跃度。近年来，日本相继制定《东京战略 2012》《新东京战略 2015》《东京战略 2018》等系列文件，提出将着力完善湄公河地区的公路、铁路及电力设施，并与域内各国在气候变化应对、水域污染治理、高素质人才培养等问题上开展深入合作。2018 年 10 月，日本与湄公河流域国家峰会在东京举行。会后，安倍晋三与五国领导人联合发表了《东京战略 2018宣言》，重申日本将与各国共同致力于解决域内贫困问题。一方面，日本强调将继续提供政府开发援助帮助湄公河国家减贫，以构建无差距及无贫困的"绿色的湄公河流域"②；另一方面，日本还强调国际自由开放秩序的重要性，将在地区合作中纳入自身主张的"自由开放的印度太平洋战略"，表示该举措能够确保湄公河流域国家都能在合作中积极获益③。特别是，日本极其关注湄公河地区的经济合作动向并力求扩大在该地区的投资。在大湄公河次区域合作机制框架下，日本与各国联合通过了《河内行动计划2018 - 2022》以及《地区投资框架 2022》，针对湄公河地区进行的经济援助和技术投资共近 660 亿美元④。

日本主要通过向相关国家提供资金援助的方式推动其次区域经济发展，利用高质量基础设施建设等合作项目帮助受援国减缓贫困。总体上，日本在湄公河地区进行的减贫合作较为务实，积极参与东盟—湄公河流域开发合作机制，提出的经济发展方案获得了湄公河五国的认可与支持。例如，因湄公河流域国家多以农业为支柱产业，日本承诺向老挝、柬埔寨等

---

① 大泉敬一郎：《大湄公河区域（GMS）发展计划和 CLMV 的发展：扩大经济走廊的可能性和日本的作用》，《环太平洋商业信息》，2008 年第 8 卷第 30 期，第 11 页。

② 《日本借〈东京战略 2018〉强化对湄公河流域影响力》，人民网，2018 年 10 月 10 日，ht-tp：//world. people. com. cn/n1/2018/1010/c1002 - 30332296. html，登录时间：2019 年 5 月 19 日。

③ 符祝慧：《与湄公河流域五国举行峰会　日本加强推动自由印太战略》，《联合早报》，2018 年 10 月 10 日，https：//www. zaobao. com/news/world/story20181010 - 897792，登录时间：2019 年 5 月 19 日。

④ 《大湄公河经济合作峰会通过了成果文件》，人民网（日语版），2018 年 4 月 2 日，http：//j. people. com. cn/n3/2018/0402/c94474 - 9444621. html，登录时间：2019 年 5 月 19 日。

国提供贷款援建水利灌溉设施以提高农业生产率。与其相比，澜湄合作机
制开展减贫合作起步较晚，在项目管理和技术层面不具备明显优势，减贫
合作的开放程度和制度化水平还需提升。澜湄合作机制与大湄公河次区域
经济合作机制的参与成员和议程设置趋同，恐将造成湄公河地区东南亚国
家对机制认同的模糊，不利于澜湄合作机制在减贫领域发挥优势作用。而
且，日本对湄公河地区的关注不仅限于经济合作领域。日本同样重视湄公
河地区的战略价值，希望对澜湄流域国家推广"印太战略"，充分发挥湄
公河地区连接太平洋和印度洋的地缘优势。对日本而言，此举不仅响应并
追随了美国的对外政策，也保持了日本与湄公河五国之间的友好联系。

（3）韩国对湄公河地区事务的参与

湄公河地区因自然资源和地缘优势受到了各域外国家的关注，不仅美
国、日本对该地区事务进行了广泛参与，韩国也与湄公河五国开展了广泛
的双边合作。

韩国以"韩国—湄公河开发论坛"为契机，于 2011 年倡导发起"韩
国—湄公河国家外长会议"，与湄公河下游国家之间建立了对话机制。在
第七届湄公河五国—韩国外长会议上，除了对湄公河五国—韩国行动计划
（2014～2017）的成果进行回顾以外，韩国还与各国商议了 2017～2020 年
阶段的长远合作计划，具体项目涉及跨国经济走廊建设、基础设施建设、
电子商务平台建设以及农业种植和水资源管理等合作领域。2018 年，第八
届韩国—湄公河国家外长会议在新加坡召开①。韩国表示将加强与湄公河
流域国家的合作，并继续向湄公河五国—韩国合作基金会提供资金。韩国
的湄公河开发战略有利于其增进与湄公河国家之间的友好关系，能够促进
韩国和湄公河国家的共同繁荣。

近年来，文在寅政府在东南亚地区推行"新南方政策"，逐步加强了
与湄公河流域国家的经济合作，不仅能够助力东盟加快经济一体化进程，
而且对朝鲜半岛乃至东亚地区的稳定具有促进作用。韩国尤其对韩越关系
给予了高度关注。一方面，越南作为新兴市场和东南亚地区活力最强劲的
新兴经济体，吸引了韩国对其进行大规模的经济投资；另一方面，近年来
韩国与越南的领导人互访较为频繁，韩越关系的发展取得了积极成果。

---

① 《韩国湄公河外长会今在新举行》，韩联社网站，2018 年 8 月 3 日，https：//cn. yna.
co. kr/view/ACK20180803005800881，登录时间：2019 年 5 月 22 日。

2018 年，韩国—湄公河和平论坛在越南举行，韩国对越南在朝鲜半岛政治安全形势中的桥梁作用给予肯定，越方也表示韩国可以借鉴其统一国家、统一后发展国家、融入国际经济等方面的经验①。2019 年，第二次朝美首脑峰会在越南举行，为促进朝鲜半岛实现无核化做出贡献。

（4）印度对湄公河地区事务的参与。印度于 2000 年向缅甸、老挝、泰国、柬埔寨和越南主动发起了湄公河—恒河合作倡议（MGC），旨在促成各国之间在旅游、文化、教育以及运输通信等方面的合作。对于印度而言，湄公河—恒河倡议能够充分利用地缘优势建立文化认同，帮助其加强与中南半岛国家之间的紧密联系。作为印度奔向东南亚的跳板，中南半岛地区连接恒河流域与湄公河流域，使印度能够有效连通印度洋与太平洋两个板块，有利于印度加强在东南亚地区的影响力。

印度以"东向政策"为依托，逐步推动印度—湄公河流域的经济走廊建设，试图打造能够连接湄公河流域与恒河流域的经济网络。通过对湄公河流域国家给予资金扶持，印度正逐步推动印度—缅甸—泰国公路项目的建设，并商讨有效提升印度与东盟之间连通性的合作路径。

2012 年以来，印度开始推动湄公河—恒河部长级会议的举办，增设关于中小企业发展、农作物种植以及流行病预防等新领域的项目合作②。在湄公河—恒河合作倡议（MGC）第七次外长会议上，印度与湄公河五国就 2016 ~ 2018 年阶段行动计划达成共识，并表示将为湄公河五国提供 100 万美元的速效项目基金，每个国家每年可从中获得 25 万美元的资金援助。

2018 年 8 月，第九次湄公河—恒河合作倡议外交部长会议召开。泰国、柬埔寨、老挝、缅甸、越南与印度一致同意加强地区合作，表示将与印度在货物清关、进出口贸易等方面进行紧密合作，以便于消除贸易壁垒

---

① 《2018 年韩国—湄公河和平论坛在河内举行》，越南人民报网，2018 年 5 月 10 日，ht-tp：//cn. nhandan. com. vn/newest/item/6076601 – 2018% E5% B9% B4% E9% 9F% A9% E5%9B% BD% E2% 80% 94% E2% 80% 94% E6% B9% 84% E5% 85% AC% E5% 92% 8C% E5% B9% B3% E8% AE% BA% E5% 9D% 9B% E5% 9C% A8% E6% B2% B3% E5% 86% 85% E4% B8% BE% E8% A1% 8C. html，登录时间：2019 年 5 月 22 日。

② ASEAN India，"About Mekong – Ganga Cooperation（MGC）"，March 2017，http：//mea. gov. in/aseanindia/about – mgc. htm ，登录时间：2019 年 5 月 23 日。

并建立区域经济供应链①。今后一段时间内，印度还将关注医疗卫生和水资源分配等可持续发展议题，逐步把合作重点转向基础设施发展与减贫合作，以便在湄公河流域获得更多积极关注。

（二）环境民族主义与资源民族主义的消极影响

利用澜湄合作机制推动次区域减贫合作的过程中，环境民族主义和资源民族主义成为影响减贫合作的阻碍因素。一般而言，民族主义泛指一切坚持本民族利益至上的社会思潮，是属于意识形态范畴的概念。民族主义大多强调国家利益的重要性，以国家民族主义为具体表现形式。民族主义者作为民族主义的体现对象，则指拥有激进民族情绪并认为本民族有权在经济、政治、社会等领域内最大限度维护利益的个人。环境民族主义和资源民族主义是民族主义的分支概念，代表了以维护自然环境和自然资源为核心的民族主义思潮。环境民族主义者重视可持续发展的需求，尤其反对国家间经济合作带来的环境破坏；资源民族主义者则强调捍卫国家的经济利益，对过度政治化的国内资源保护表示支持。由于湄公河流域的东南亚国家对资源开发的态度较为审慎，其国内兴起的资源民族主义与环境保护主义成为了澜湄合作机制框架下推进减贫合作的主要障碍。

1. 湄公河五国存在资源开发的认知差异

资源民族主义和环境民族主义在"二战"后的东南亚发挥了重要作用，在帮助新兴国家巩固了政权的同时起到了抗争国际经济旧秩序的作用。由于湄公河地区大部分东南亚国家存在被殖民的经历，生态环境和自然资源是各国发展经济的重要条件。作为一种维护国家利益的方式和手段，资源民族主义将让大宗商品价格更加动荡，有可能导致贸易战、环境退化和贫困国家的饥荒②。随着全球自然资源的不断耗竭，资源民族主义的思潮逐步兴起并开始影响国家的经贸合作。虽然资源民族主义归属于经

---

① 《新加坡湄公河—恒河合作问题第九届部长级会议联合部长声明》，印度政府外交部，2018 年 8 月 4 日，https：//mea. gov. in/press - releases - hi. htm？dtl/30237/Joint + Ministe-rial + Statement + for + the + 9th + Mekong + Ganga + Cooperation + Ministerial + Meeting + in + Singapore，登录时间：2019 年 5 月 23 日。
② 罗宾·哈丁：《资源民族主义引发担忧》，FT 中文网，2012 年 12 月 10 日，http：//www. ftchinese. com/story/001047942？full = y&archive，登录时间：2019 年 6 月 2 日。

济范畴，但正被赋予愈来愈重的政治色彩，成为各国政党进行政治交易的附属品。

湄公河流域的东南亚国家拥有丰富的自然资源，环境民族主义与资源民族主义广泛存在于湄公河地区。中国在澜湄合作中发挥了较为显著的作用，各国的环境民族主义者大多质疑中国在次区域的经济合作意图，认为中国试图通过经济合作获取自然资源，忽略了对澜湄流域生态环境的保护。考虑到自然资源的快速消耗性和不可再生性，湄公河流域的东南亚国家倾向于保守的资源开发模式，在湄公河地区，环境民族主义具体表现为各国民众和非政府组织对经济建设项目强烈反对，担忧相关经济合作项目会带来产业能耗和环境污染。作为次区域经济合作中提供生产原材料的一方，湄公河流域的东南亚国家存在资源被掠夺的担忧。因此，资源民族主义者强调要对自然资源实施管控，并对外国投资设置更高的门槛。

在澜湄合作机制推动减贫合作的过程中，其他成员国对自然资源的过度保护影响了次区域减贫合作的推进。例如，柬埔寨限制矿石等自然资源的出口，鼓励在其国内进行原材料加工生产，以此保证获取最大的经济利益。在缅甸，中缅油气管道的建设受到国内社会的质疑和干预，天然气管道建成后并未快速投入使用，该项目在能源方面带来的经济效益有所损失。同时，缅甸方面曾多次叫停密松水电站的项目建设，表示将率先满足当地居民的生活需要并坚持优先考虑生态环境建设。由于经济发展与减贫合作存在一致性，澜湄流域的东南亚国家对环境及资源的过度保护限制了合作机制所发挥的减贫效应。

2. 湄公河五国存在经济发展的理念差异

湄公河流域的东南亚国家均存在宗教信仰，各国不同程度地信仰小乘佛教，对社会生活和国民性格产生了一定影响。由于小乘佛教以完善自我和实现超脱作为哲学宗旨，重视精神上的富足和愉悦，湄公河流域的各国人民在日常生活中普遍存在较为强烈的满足感，安于现状且不关心国家事务，社会进步发展观念较弱。在湄公河五国，与世无争的社会环境造就了国民不追求上进的社会心理，民众往往显现出随遇而安的生活状态。正是因为澜湄流域的东南亚国家人民对生活水平的要求不高，穷困人口没有强烈的脱贫意愿，对就业的态度非常随意，阻滞了减贫合作的推动并影响了社会进步的发展速度。

与很多自然资源匮乏、气候条件较为恶劣的地区相比，湄公河五国具有得天独厚的发展优势，由于坐拥丰富的自然资源且降水丰沛，民众只需要依靠简单的耕作方式就能够保障生活所需，不需要辛勤劳作或是做好长远的生活规划，生存难度较低。长期依赖自然条件的经济发展模式削弱了当地民众的减贫意识，限制了人们对社会可持续发展的诉求，丰富的资源反而成为阻碍减贫合作的限制性因素。

澜湄合作机制框架下减贫合作最大的障碍可能来自中国与流域内东南亚各国的发展理念差异。事实上，湄公河流域的东南亚国家不希望过度开发现有资源，均对因经济发展产生的自然资源破坏表示了不同程度的不满，对外来投资没有表现出明显的兴趣和关切。而且，中国与这些国家在经济发展规划上也存在明显差异。中国坚持经济改革的发展方式并不能完全被小富即安、易于满足的东南亚国家人民所接受，虽然有许多减贫经验具有实际参考价值，但是相关国家关于社会生活的态度与观念无法快速转变，同时也很难被动地采纳别国的发展经验。

四、澜湄合作机制框架下减贫合作的推进路径

澜湄合作在减贫领域应继续坚持"共商、共建、共享"的合作理念，重视平等并倡导普惠共赢。一方面，要继续保持"澜湄速度"，提高减贫项目实施速度和建设效率，发挥澜湄合作在减贫领域的优势作用，使其成为湄公河流域减贫合作的成功范例。另一方面，要重视突出理念创新，释放合作机制发展活力以实现次区域的整体繁荣。澜湄合作要发挥"澜湄效应"，帮助湄公河五国消除贫困，逐步构建高效便利的经济合作机制。

（一）协调并规避次区域合作中的机制拥堵

在次区域现有合作机制中，除了大湄公河次区域经济合作机制（GMS）和东盟—湄公河流域开发合作（AMBDC）等少数合作机制以外，大部分合作机制陷入了发展停滞，造成了较为严重的机制拥堵。究其根源，域内外合作机制发起方之间、各合作机制成员国之间所存在的利益矛盾是影响合作机制整体运作效果的重要因素。澜湄合作机制虽然是新兴的次区域合作机制，但也不可避免地参与了区域合作机制之间的利益博弈。

西方发达国家在湄公河流域积极倡导并推广自身的流域治理模式，存

在扩大区域影响力的考量。而国际组织则重视跨境基础设施建设与环境治理，包括减贫合作在内的一系列发展合作则聚焦于项目发起方的利益诉求，次区域内各国的实际利益和需要被忽视并弱化。在这种情况下，澜湄合作机制可以通过整合各成员国利益诉求、制定共同发展规划来增进信任，提高合作机制在减贫合作领域的影响力。因此，澜湄合作机制要更接地气、更有诚意，提高减贫合作的有效性和权威性，增进成员国对具体减贫规划的认同。面对可能存在的分歧与矛盾，澜湄合作机制要继续构建各成员国真正参与并主导的、具有规范性和约束力的合作模式，以期获得更为显著的减贫成效。

（二）合理看待域外国家在湄公河流域的竞争

随着湄公河流域地缘战略价值的提升，域外大国对次区域的各领域合作进行了持续性的关注，尤其关注民生问题并不断加大对湄公河流域东南亚国家的经济扶持力度，现已形成了多个域外国家共同参与议程设置的局面。因此，中国要利用好澜湄合作机制搭建的发展平台，处理好澜湄合作机制中各成员国的利益关系，并以包容共赢的心态看待次区域内的大国竞争，合理认知他国在湄公河地区进行的事务参与。

在促成次区域减贫合作的过程中，地缘优势为澜湄合作成员国之间推进项目合作提供了良好基础。作为澜湄合作资金的筹措方和项目的牵头者，中国要利用自身减贫经验来促成长远的减贫合作，注重合理支付公共产品并关注他国发展需求。与此同时，中国也要重视减贫合作的可行性，选择符合湄公河流域贫困国家社会承载力的发展项目，帮助贫困国家因地制宜地制定减贫计划。中国作为湄公河流域的上游国家，在减贫合作中尤其要注意水资源管理与保护，为各国的农业发展提供稳定保障。由此，获得各成员国对澜湄合作机制推动次区域减贫的认可与支持。

（三）关注澜湄合作成员国的内部发展状态

东南亚地区的政治形势正在经历新一轮的波动变化，湄公河流域的部分东南亚国家也在近期经历了政党轮替，国内有关经济发展的政策法规也因领导人换届更迭而出现了改动或调整。减贫合作与国家经济发展规划密切相关，为了使澜湄合作机制在减贫领域发挥更大作用，各成员国之间应加强高层互访、增进互信与了解，尤其需要重视他国的利益关切以获得更高质量的减贫成效。

澜湄合作机制框架下的减贫合作也应重视阶段性的成效评估。东盟国家的政治局势存在不稳定性，产业结构较为单一。伴随政权更迭，湄公河流域的东南亚国家将重新审视对外关系，因此减贫合作需要具备风险管控意识，注意对既有合作项目进行适时调整。澜湄合作机制应坚持澜湄精神，要谨慎选择减贫项目与合作方式，平衡减贫与发展、风险与安全之间的关系。澜湄合作机制中的成员国还需要积极面对区域形势的变化并寻求发展机遇，切实提高国家的工业化水平，解决贫困人口的就业问题，让减贫合作惠及民生。

（四）尊重湄公河五国的经济发展规划

湄公河流域的东南亚国家在经济发展理念上存在差异性。经过较长一段时间的经济建设，虽然湄公河流域的贫困国家逐步提高了经济发展竞争力并缩小了内部城乡发展差距，但发展水平参差不齐。受到国家自身经济基础、内部发展政策与社会文化观念等多重因素影响，各国对于促成产业升级、发展高端制造业、提升环境标准的考量有所不同。考虑到中国在澜湄合作机制框架下的减贫合作中牵头的项目较多，如何在澜湄合作中协调各方利益并理解各方的发展习惯、如何尊重湄公河国家之间的发展理念和国民性格，是该机制推进减贫合作的过程中亟待考量的重要问题。

中国的精准扶贫模式为广大发展中国家所认可，尤其在东南亚地区得到广泛借鉴，但这并不表示中国的发展模式在湄公河流域国家的减贫问题上具有绝对的适用性。湄公河流域资源丰富、河流水系广布，对次区域的资源环境的开发与保护需要给予重点关注。在澜湄合作机制框架下的减贫合作中，中国必须要将生态平衡、经济效益与可持续发展放在次区域减贫规划的优先位置上，尤其要减少资源开发与环境保护之间的潜在冲突，尊重各成员国在环境保护方面的政策与法规，逐步实现减贫与经济发展之间的良性循环。

（五）继续利用合作项目促成机制减贫

为了继续深化澜湄合作机制框架下的减贫合作，澜湄合作应探索特色减贫项目，利用澜湄合作领导人会议、外长会议、高官会议、外交工作组会等高级别会议为减贫合作搭建交流平台。同时，澜湄合作机制应精准定位次区域内各国对减贫合作的不同需求，完善机制建设并聚焦于经济发展问题，通过提高工业化水平、加强基础设施建设、共享经验与技术等多种方式，帮助湄公河国家的贫困人口改善生产生活条件。

首先，澜湄合作机制在减贫领域应继续挖掘具有合作潜力的发展项目，积极寻求湄公河国家之间的共同利益并达成战略契合。考虑到减贫合作是涉及多个领域的综合性合作，中国作为减贫合作中的主要资金筹措方，与其他机制成员国在制定减贫项目过程中要有指向性和针对性，应开展多领域的点对点减贫合作。其次，澜湄合作机制在推动湄公河次区域减贫的过程中，要着眼澜湄流域的整体发展现状，致力于提升次区域的互联互通水平，有效联动既有的区域合作机制并构成减贫合作新格局。最后，依托澜湄命运共同体的建设理念，应实现澜湄流域减贫合作项目的方案优化，达成互惠互利的减贫目标。

（六）促成澜湄合作机制与其他机制的耦合

湄公河地区存在较多的多边合作机制，各个机制都不同程度地参与了澜湄流域国家的减贫合作。这要求澜湄合作机制在推进减贫合作的过程中，应理性看待既有的双边、多边合作机制，规避机制之间的冲突与恶性竞争。作为新型区域合作机制，减贫合作要充分发挥机制框架的比较优势，充分探寻促成减贫合作的可能条件。此外，澜湄合作机制需充分借鉴其他机制在功能设置上的有益经验，在减贫合作方面需注重与其他机制之间的协调与互动。

因相关减贫项目内容相似且适应范围相同，减贫领域的合作存在着激烈的竞争。这种竞争不仅来自域内外国家对澜湄流域减贫问题的关注，也包括国际组织及国际机制对减贫事务的参与。为了能够减少机制拥堵对澜湄流域减贫合作的不利影响，澜湄合作机制要积极与其他功能性经济合作机制进行协调，减少机制框架下推进减贫合作的外部阻力，妥善处理减贫合作中涉及政治和安全的难题。

首先，澜湄合作机制应秉承非排他性原则，与大湄公河次区域经济合作（GMS）、湄公河委员会（MRC）以及东盟—湄公河流域开发合作（AMBDC）等其他次区域合作机制之间实现优势互补，共同推动湄公河地区的减贫合作。其次，通过加强制度建设和完善规则秩序的方式，澜湄合作机制要以包容开放的精神尊重其他合作机制的减贫倡议，增强次区域的整体联系并提高次区域的整体凝聚力。最后，澜湄合作机制要加强政策交流与信息沟通，尊重其他合作机制在减贫问题上的利益和关切，携手为湄公河地区的社会经济发展做出更大贡献。

（七）合理推介中国既有的减贫经验

作为全球范围内最早实现联合国千年发展目标中减贫规划目标的发展中国家，中国在减贫领域取得了积极成果，为全球的减贫事业做出有益贡献。自改革开放以来，中国的脱贫人口逐年增加，贫困发生率不断下降。中国将脱贫攻坚作为国家建设的优先发展事项，将减贫视为建成小康社会的必要条件。总体上，中国的减贫模式具有科学性和导向性，坚持以精准扶贫为基础，主要利用政策扶持推动减贫项目的落地实施，全方位扶贫取得了较为显著的实际成效。中国在减贫领域积累的相关经验可以为其他国家所借鉴和采纳，通过向贫困国家提供资金援助及分享技术经验等方式，中国能够与其他国家在减贫领域达成互助合作，为其提供必要的发展援助。

随着澜湄合作机制框架下减贫合作的继续深入，中国在基础设施建设、城镇工业化发展以及环境污染治理方面的具体经验可以进行适当的推广，以帮助湄公河流域的东南亚国家削减贫困。在减贫领域，湄公河国家可以考虑结合本国国情和实际需求，对中国的减贫经验进行合理借鉴，以便更好地解决贫困问题。

一方面，中国利用基础设施建设促成减贫的相关经验可以为湄公河五国提供参考。在澜湄合作机制框架下，中国在道路交通、通信工程及电力设施等项目上的投入较多，湄公河流域各国可以利用基础设施建设统筹城乡发展，改善农村地区民众的生产生活条件，逐步缩小与城市地区的贫富差距。作为重要的产能合作项目，基础设施建设项目能够带来大量的工作机会，帮助贫困人口实现就业并增加实际收入。加强基础设施建设也能够促进各国之间的相互联通，加快澜湄流域的协同发展并实现共同富裕。

另一方面，湄公河五国可以吸取中国在城市化和工业化方面的有益成果。湄公河五国普遍存在明显的城乡贫富差距，农村地区落后的发展条件尤其影响减贫工作的推进速度。考虑到湄公河流域各国城镇化水平不足的现状，为切实推动次区域减贫合作，澜湄合作机制应重点关注各国乡村地区的发展规划，参考中国在城乡融合发展过程中采取的积极措施，为进一步削减贫困创造条件。

（八）制定并实施"一国一策"的减贫方案

澜湄合作机制框架下的减贫合作应从国别入手，尊重湄公河国家的宗教信仰和文化观念，了解各成员国的社会生产习惯，制定出符合其经济发展偏好的减贫合作方案，有效推动减贫项目的顺利实施。

1. 继续实行援缅减贫示范合作技术援助

考虑到缅甸以农业为主的实际情况，减贫合作应重点关注农业发展领域，兼顾农村地区的基础设施建设与公共服务建设，通过解决基本的民生需求来提高贫困人群的生存指标，改善贫困地区的生产生活条件。作为澜湄合作减贫事业的重要参与方，中国的云南省对接了援缅减贫示范合作技术援助项目。其中，援缅减贫示范合作技术援助项目由中国国际扶贫中心与缅甸农业、畜牧业和水利部农村发展司合作，实施单位为云南省国际扶贫与发展中心①。中国援缅减贫示范合作项目的启动不仅推动了澜湄合作机制框架下的减贫合作，也为提升中缅双边关系增添动力。

为了继续发挥澜湄合作机制的减贫优势，中缅减贫示范合作项目应重视边境地区的扶贫工作，向缅甸少数民族地区和边远地区民众传授先进的农业技术知识，大力开展良种培育以深入发展替代种植项目。为了继续提高缅甸民众的生产生活条件，云南省需要继续发挥在澜湄减贫合作中的主体和前沿省份的地位，不断探索深化澜湄减贫合作的新思路、新机制、新

---

① 《中国援助缅甸减贫示范合作项目揭牌》，新华网，2018 年 1 月 2 日，http：//www. xin-huanet. com/world/2018 – 02/01/c_1122356214. htm，登录时间：2019 年 6 月 2 日。

办法,架起区域脱贫致富的桥梁①。

2. 深入推进中越跨境自贸区建设

越南不仅积极关注了澜湄合作机制中的经济合作项目,还参与了中越"两廊一圈"建设并响应了"一带一路"倡议的号召。越南重视推动湄公河地区的经济联系,并支持将自身发展规划与中方提出的"一带一路"倡议进行战略对接。总体来看,越南对澜湄合作机制的发展态度较为积极,提倡各成员国在减贫领域继续加强基础设施体系建设和跨境经济贸易方面的合作。

中越跨境经济合作区的发展规划始于 2005 年,旨在加大中越边境开放力度并带动区域性经济合作,涵盖跨境基础设施建设、跨境贸易及电子商务合作、跨境旅游等具体发展项目。越南与中国的跨境通道建设已经取得成效,为中越跨境经济合作区的建设提供便捷畅通的交通运输条件。中越跨境经济区的建设能够与澜湄合作机制的经济规划形成有机互动,随着澜湄合作的深入实施,中越应继续推进经济走廊的建设,加大边境口岸开放力度,提高贸易投资的开放程度,为深化减贫合作提供坚实基础。

中越两国已经在边境地区建成了包括东兴—芒街、凭祥—同登、河口—老街和龙邦—茶岭在内的四个跨境经济合作区,对完善沿线基础设施以及提高次区域互联互通水平产生积极影响。在商议签署《中越跨境经济合作区建设共同总体方案》的背景下,中越两国今后应继续在跨境经济合作领域推行互惠政策,为边民互市创造有利条件。此外,中越双方要以协调发展为目标构建外向型产业体系,通过提高边境地区社会发展水平的方式帮助澜湄合作并推进次区域减贫合作。

3. 加快落实中柬产能合作项目

在澜湄合作机制与"一带一路"倡议的共同倡导下,中国与柬埔寨在国际产能合作领域取得了显著成果。为了帮助柬埔寨改善国内的贫困落后状态,中国积极与柬埔寨开展以交通运输、电力网络以及信息通信领域为主的产能合作,通过签订产能合作文件等多种方式推动相关项目的顺利实施。其中,产业园区建设是中柬产能合作的优先领域。中柬双方充分发挥

---

① 《澜湄减贫合作稳步推进》,云南省人民政府外事办公室网站,2018 年 3 月 23 日,http://www.yfao.gov.cn/wsdt/jlhz/201803/t20180323_731273.html,登录时间:2019 年 6 月 2 日。

了政府间合作的积极性以拓展产业园区的合作范围，引导柬方制定符合自身实际情况的产能合作规划和项目管理措施。通过中柬产能领域合作，柬埔寨有效地改善了国内贫困人口的生活水平，增加了社会就业机会。

中柬两国应共同致力于全面战略合作伙伴关系的巩固和提升，加大澜湄合作机制框架下的产能合作力度。在中柬产能领域合作继续推进的基础上，柬埔寨可以使国内的"四角战略"与澜湄合作机制中的产能合作规划相契合，促进国内工业化水平提升的同时为柬埔寨的社会经济发展提供资金支持。首先，中柬产能合作要继续利用澜湄合作机制的比较优势，集中力量发展生产并筛选重点合作项目；其次，柬埔寨要充分发挥政府的主体作用，正确引导项目建设并为中柬产能合作提供坚定支持；最后，中柬产能合作要重视优势互补和有效沟通。中国和柬埔寨不仅需要尊重企业的主体地位，而且还应实现信息资讯的共享与交流，最大限度地保障产能合作的进展实效。总之，中国与柬埔寨应在夯实既有合作成果的基础上，继续深化中柬产能与投资合作并探讨关于产业转型升级的项目规划，积极探索推进发展战略对接的有效途径。

4. 完善中泰沿线基础设施建设

中泰铁路的投资建设为泰国的经济发展提供有利条件，是澜湄合作中基础设施建设规划的重要组成部分。中泰铁路的修建主要通过中泰两国政府间的直接合作来完成，泰国方面制定了有关铁路建设的发展规划，中国方面则提供铁路施工的技术援助与资金支持，双方共同保障铁路建设项目的建设质量。通过参与澜湄合作机制框架下的基础设施建设项目，泰国的铁路运输承载力有所提高，逐步实现了湄公河地区其他国家的互联互通，促进了国内农业、工业和服务业的稳定与协调发展。

连通曼谷—呵叻段的中泰铁路一期工程项目已经举行开工仪式。曼谷—呵叻铁路是泰国的第一条标准轨高速铁路，对泰国更新基础设施建设规划的推进具有重大意义。中泰两国明确长期发展计划，着力推动中泰铁路合作项目二期（呵叻—廊开段）相关工作，实现中泰铁路合作项目和中老铁路的连通①。此外，中泰双方还对铁路合作项目二期工程的建设可行

① 《中泰铁路合作项目一期工程开工》，中华人民共和国国家发展与改革委员会网站，2017年12月22日，http://www.ndrc.gov.cn/gzdt/201712/t20171222_875156.html，登录时间：2019年6月7日。

性进行研究①。在城乡轨道交通建设方面,泰国还将与中国进行高速公路方面的项目合作,并对农村地区的道路修复及扩建进行工程规划。通过完善中泰沿线的基础设施建设,泰国能够有效实现客货运输量及运输效率的提高,对改变泰国农村地区贫困落后面貌、缩小城乡发展差距具有积极影响。

5. 加强中老生态环境联合保护

老挝主要通过焚烧热带植物的方式为耕种作物提供养分,这种传统的生产方式很难提高农民的收入水平,浪费资源的同时极大地破坏了当地的自然环境。由于生态系统的循环变化直接受到人类活动的影响,借助建立自然保护区和进行环境监测的方式能够有效进行资源环境保护。中国与老挝山水相依,陆上接壤的地缘位置为两国建立跨境生物多样性联合保护机制提供条件。

自 2006 年起,中国与老挝开始寻求实现生物多样性联合保护的互动机会。其中,中方以西双版纳为项目筹措方,对接老挝北部边境地区的相关省份。2009 年,中老双方建立了中国尚勇—老挝楠木哈生物多样性联合保护区域,致力于打造边境地区绿色生态环境走廊和野生动物基地,第一次以协议的模式开展中老双边保护;2012 年,老挝丰沙里省、乌多姆赛省加入其中。目前,中老双方已经在边境线建立了长 220 公里、面积 20 万公顷的"中老跨境生物多样性联合保护区域",构建了中老边境绿色生态长廊②。

2018 年 7 月,中国生态环境部和老挝自然资源与环境部签署了《中华人民共和国生态环境部和老挝人民民主共和国自然资源与环境部生态环境合作谅解备忘录》及《中老生态环境合作行动计划(2018 - 2022)》,就在具体领域开展合作达成共识③。通过推进生态保护区的监测巡护管理体系建设,中国和老挝为边境地区的生物多样性存续提供了有力支撑,并为澜

---

① 《中泰铁路建设将全面启动》,一带一路网,2018 年 6 月 4 日,https://www. yidaiyilu. gov. cn/xwzx/gnxw/57058. htm,登录时间:2019 年 6 月 7 日。

② 《中老跨境生物多样性联合保护第 12 次交流年会顺利召开》,西双版纳热带雨林保护基金会网站,2018 年 5 月 28 日,http://www. wmjh. gov. cn/webs/jjhWeb/content. aspx? cls = 新闻资讯 &id =3391817,登录时间:2019 年 6 月 7 日。

③ 《澜沧江—湄公河环境合作中心赴老挝开展中老环境合作相关成果落实调研活动》,澜沧江—湄公河环境合作中心,2018 年 11 月 16 日,http://www. chinaaseanenv. org/lmzx/xwh-hd/lmzxxw/201811/t20181116_674096. html,登录时间:2019 年 6 月 7 日。

沧江—湄公河流域的跨境生态环境保护提供可借鉴的范例。未来两国应不断拓展跨境联合保护的合作区域，在珍稀濒危物种保护以及动物栖息地保护等领域进行积极环境合作，帮助老挝保护自然生态环境并逐步改变贫困人口的落后生产习惯，继续推广可持续的绿色经济发展模式。

（九）推动澜湄合作与"一带一路"倡议进行对接

湄公河五国是中国开展"一带一路"建设的重要参与国，而湄公河流域是"21世纪海上丝绸之路"和"丝绸之路经济带"所覆盖的重点区域。澜湄合作机制可以纳入"一带一路"建设并作为其有机组成部分，通过实现更高层级的互联互通和经济发展来促成次区域的减贫合作，帮助湄公河地区的东南亚国家提高生活水平。澜湄合作的相关规划尚未实现与"一带一路"倡议的全面对接，澜湄合作机制可以作为建设"一带一路"的重要平台，借此加快推进次区域减贫合作步伐，并助力"一带一路"倡议提高其区域合作水平。

1. 实现澜湄合作与"一带一路"倡议的概念对接

考虑到澜湄合作机制在民生建设和区域发展方面的合作理念与"一带一路"倡议规划存在契合，促成两者之间的政策对接有利于继续推广减贫合作项目，在共建澜湄国家命运共同体的同时吸引各国积极参与"一带一路"倡议的规划建设。

首先，澜湄合作的"3 + 5"框架以及"3 + 5 + X"框架与"一带一路"倡议在经济领域、政治与安全领域和社会人文领域的合作方向存在一致性，促成理念对接能够发挥澜湄流域的地缘优势并打造互联互通的立体网络，充分发掘地区合作潜力。其次，澜湄合作机制与"一带一路"倡议都坚持"共商、共建、共享"的合作理念，两者均利用对话交流的方式向贫困国家提供援助。通过进行政策对接，澜湄合作机制可以整合湄公河流域的减贫项目和发展计划，强化相关合作在贫困治理方面所发挥的作用，有利于实现阶段性减贫目标。最后，澜湄合作机制与"一带一路"倡议都寻求实现共赢。"一带一路"倡议的"五通"理念可以与澜湄合作机制提出的发展理念进行对接，以便务实高效地推动双方在减贫开发领域的项目合作。

2. 实现澜湄合作与"一带一路"倡议的项目对接

除了与"一带一路"倡议进行理念对接以外，各成员国应着力寻求地区发展项目对接，在基础设施建设、产能合作及其他相关领域深入探索减贫实践，实现多层次、全方位的减贫合作。

第一，澜湄合作机制应重视与"一带一路"倡议进行基础设施项目对接。在交通基础设施方面，应持续跟进公路、铁路及航运等方面的项目合作，完善湄公河地区的互联互通网络并聚焦绿色基础设施的标准化建设。第二，澜湄合作机制应重视与"一带一路"倡议进行产能合作项目对接。在湄公河流域，尤其要继续推动电力、电网和新能源等领域的地区合作，开展能源基础设施建设的统筹与规划。借助"一带一路"倡议在国际产能合作领域既有的先进经验，有效推动重点项目落地实施并推动沿线各国实体经济的稳定发展。第三，澜湄合作机制应重视与"一带一路"倡议的电子商务项目对接。具体来看，各成员国要系统地聚焦包括数据服务、跨境物流、对外贸易在内的重点领域合作，推动跨境电子商务的一体化发展，探索次区域减贫合作的创新发展模式。第四，澜湄合作机制应重视与"一带一路"倡议进行农业发展项目对接。农业减贫示范项目的实施有利于实现次区域减贫，结合"一带一路"倡议在农业合作领域的发展经验，澜湄合作能够有力保障减贫合作，为次区域经济发展提供更多机遇。

（十）落实澜湄流域 2030 年可持续发展议程

澜湄合作机制若要在减贫领域发挥更大的作用，应把握好生态环境保护与减贫问题之间的关系，致力于构建绿色经济发展模式。除了缩小各成员国之间的发展差距并实现共同繁荣外，澜湄合作还要注重协调统筹可持续发展议题，尤其关注医疗、科技和文化教育领域的发展合作。以建立澜湄国家命运共同体为目标，流域内的减贫合作要服务于各国人民的实际需要，结合《东盟互联互通总体规划 2025》，落实澜湄流域 2030 年可持续发展议程。

在湄公河地区，消除饥饿并实现粮食安全是实现可持续发展议程的首要前提。确保水资源的合理分配、采用可持续发展模式保护生态环境、采取积极措施并抵御应对自然灾害，保护并恢复陆地生态系统都将是减贫工作需要切实考量的实际因素。因此，澜湄合作中的减贫规划要着力实现成员国之间的平等互惠性，突出澜湄合作在可持续议题上的比较优势。此外，推动湄公河流域六国青年的交往和互动，能够为次区域的跨越式发展注入新动力。通过利用"澜沧江—湄公河之约"青年创新设计平台，澜湄青年为流域治理和可持续发展提供了政策方案，湄公河流域治理与发展青年创新设计大赛提高了青年群体参与澜湄合作的主动性，可以带动更多的澜湄青年加入到减贫合作的项目中来，使"澜湄之约"成为具有影响力的创新交流平台。

结　语

澜湄流域贫困问题的成因较为复杂，贫困问题具有历史性与长期性，并随着时间的推移呈现出新的贫困态势。湄公河地区东南亚国家的贫困指数将随着减贫工作的开展与国内生产力水平的提升出现不同程度的下降，国内的政治局势也可能会因经济水平的提高而有所缓和。虽然澜湄合作机制为次区域减贫工作的推动做出了积极贡献，但贫困问题短期内仍无法完全解决，对于该问题的分析应结合湄公河次区域的经济发展态势长期、持续地深入研究。

由于中国在国际社会上的话语权有所提高，如何有效发挥中国在减贫合作领域的优势作用，并保障各国能够以平等待遇在澜湄合作机制框架下开展减贫合作，是该合作机制在功能设置上需要解决的关键性问题。考虑到澜湄合作机制的成员国之间利益诉求的差异性，中国与湄公河国家要增进互信，在减贫项目中探索更多的合作机遇，加强减贫项目的针对性和实效性，实现提高贫困人口生活水平的优先目标。澜湄合作机制还需提高协调互动域内外合作的能力，在减贫领域给域内国家带来切实利益。

A Study of Poverty Alleviation Programs in the Mekong River Sub – Region under the Framework of Langcang – Mekong Cooperation Mechanism

Li Jiacheng   Li Zengtaozi

Abstract   The Southeast Asian countries in the Mekong River Basin have severe poverty problems, which seriously restrict the social and economic development of the sub – region. Due to the intricacies of ethnic issues and domestic political issues in this region, the historically accumulated poverty and vulnerability has made it difficult for people to achieve poverty alleviation. At present, Southeast Asian countries in the Mekong River Basin are extensively using regional cooperation mechanisms to carry out poverty alleviation cooperation. As a new cooperation mechanism, the Lancang – Mekong Cooperation (LMC) mechanism gives priority to poverty alleviation, advocating LMC Speed and LMC Effect, adhering to the people's livelihood – oriented principle, and paying attention to the actual needs of countries along the Mekong River for poverty alleviation, and has made considerable progress. China's experiences in poverty alleviation have provided a reference model for Southeast Asian countries in the Mekong River Basin, which lays a solid foundation for poverty alleviation. Although multilateral cooperation mechanisms have been widely applied in this sub – region, the key issue that needs to be addressed in LMC is how to avoid mechanism congestion caused by overlapping functions of various mechanisms. Moreover, the differences in interest appeals among member states of the cooperative mechanism, the differences in development concepts and adjustments in domestic policies have had an impact on the effectiveness of the cooperative mechanism in reducing poverty. In order to continue to promote the cooperation mechanism to reduce poverty, the cooperation should be effectively coordinated with other sub – regional cooperation mechanisms. It is necessary to respect the participation of extraterritorial countries engaged in affairs of the Mekong region, understand the poverty alleviation needs of the Southeast Asian countries in the Mekong River Basin, and promote coupling of the Lancang – Mekong cooperation mechanism with other cooperation initiatives.

Key Words　Lancang – Mekong Cooperation Mechanism; Mekong River Sub – Region; Five Mekong River Countries; Poverty Alleviation Cooperation

Authors　Li Jiacheng, Associate Professor of the Department of International Politics, School of International Studies, Liaoning University, associate research fellow of the Research Centre for the Economic and Politics of Transitional Countries; Li Zengtaozi, Postgraduate student, School of International Studies, Liaoning University.

全面开放新格局下西部陆海新通道建设："软联通"的视角

胡　超　傅远佳　郭　霞

【摘要】西部陆海新通道成为推动中国西部地区形成全面开放新格局的重要载体。通过比较分析，本文认为作为互联互通的一体两翼，"软联通"与"硬联通"相辅相成、相互促进。西部陆海新通道在加强基础设施"硬联通"的同时还需同步推进"软联通"建设。"软联通"包括政策沟通、设施联通、贸易畅通、资金融通和民心相通五个维度，西部陆海新通道存在政策沟通渠道单一，长效机制匮乏；运输资源分散，货运吞吐不足；营商环境欠佳，政策落地不足；金融合作少，金融创新弱；人文交流不均衡，人才供需缺口大等"软联通"短板。充分发挥西部陆海新通道对西部地区全面开放格局的带动作用，西部陆海新通道沿线政府应着力从拓宽交流渠道，建立长效机制；整合运输资源，建立集疏运体系；优化营商环境，推进政策落地；加强金融合作，创新金融服务；拓展人文交流，加大人才培养等方面，补齐"软联通"短板，以充分发挥西部陆海新通道带动西部地区全面开放的作用。

【关键词】西部陆海新通道；硬联通；软联通；全面开放；互联互通

【基金项目】国家自然科学基金"我国沿边地区开放模式的比较、演进机理与实证研究"（41561027）；广西壮族自治区教育厅"民族地区经济发展研究"高水平创新团队及卓越学者项目；钦州发展研究院委托课题（1819QFYW01）。

【作者简介】胡超，广西民族大学商学院，副院长，博士、教授；傅远佳，北部湾大学钦州发展研究院，常务副院长，教授；郭霞，广西民族大学马克思经济理论与应用研究生。

一、引言

党的十九大报告提出"推动形成全面开放新格局"，构建"陆海内外联动、东西双向互济的开放格局"。改革开放 40 余年，东部沿海一直是我国对外开放的中心，西部内陆始终处于从属地位。东部沿海与西部内陆的差距并未得以显著改观，一个重要原因是西部内陆缺乏像东部沿海一样的国际物流禀赋优势。东部沿海地区拥有高效的港口、密集的航线、完善的规则和优惠的制度。由于缺乏直接连通国际市场的便捷通道，西部内陆地区企业对外在物流成本和实践成本上的劣势十分明显。以重庆为运营中心，广西、贵州、甘肃为关键节点，其他西部省共同参与的西部陆海新通道建设有望改变传统意义上西部内陆的地理劣势，将沿海地区贸易便利条件与西部内陆要素禀赋紧密结合，成为推动西部地区形成全面开放新格局的重要载体。截至 2018 年 12 月，西部陆海新通道共发运铁海联运班列 805 班，开行国际铁路联运班列 55 班，东盟跨境公路班车 661 班，进出口贸易涵盖了汽车和摩托车配件、建筑材料、农副产品等八大货类 240 多个品种①。

西部陆海新通道能够在短时间内取得如此成绩，硬件基础设施建设功不可没。自 2017 年 8 月建设启动以来，② 西部省区市为推动西部陆海新通道互联互通，着力补齐基础设施"硬联通"短板，加大对铁路、公路、海港、口岸、物流园区等基础设施建设的投资。其中，重庆重点推进了铁路东环线及机场支线、进港铁路支线、西部物流园城市快速路、渝西高速铁路等基础设施项目。广西重点推进了包括南宁国际铁路物流中心、钦州港东站集装箱办理站项目、中新南宁国际物流园、钦州港东航道扩建工程等

---

① 《我国西部 8 省份合作共建"陆海新通道"》，新华网，http：//www. xinhuanet. com/politics/2019 - 01/07/c_1123958603. htm。

② 2017 年 8 月 31 日，重庆、广西、贵州、甘肃四地政府在重庆签约，共建中新互联互通项目南向通道，因此西部陆海新通道是由南向通道更名而得。

在内的 52 个基础设施项目建设。贵州重点推进了贵阳铁路口岸的规划设计申报筹备和周边基础设施建设。甘肃重点推进了兰州市西固区东川、新城片区的兰州国际港务区基础设施建设。

当前，西部陆海新通道正处于加速建设阶段，对如何建设好西部陆海新通道，熊灵、徐俊俊（2019）从西部陆海新通道建设的时代背景、战略意义、区域影响与联动效应、面临风险与挑战等方面展开了研究。李牧原等（2018）从本质和特征、经济效应，以及竞合朋友圈方面分析了西部陆海新通道建设的策略。在新时代背景下，西部陆海新通道要真正建设成为一条带动西部地区全面开放的贸易大通道，仅有基础设施的"硬联通"远远不够，还须在加大"硬联通"建设的同时，同步推进"软联通"建设。

二、互联互通中"软联通"不可或缺

"硬联通"建设内容指向明确，容易理解，即一切硬件基础设施建设，如铁路、公路、港口、口岸、物流园区等设施的新建与改造。那么，依据二分法，除硬件基础设施以外的都属"软联通"建设内容，如通道建设中参与主体间的政策协调、制度对接、标准统一、规则衔接等。互联互通中，"硬联通"主要起到降低有形物流运输成本的作用，"软联通"主要起到降低无形交易成本的作用。因此，"硬联通"是区域互联互通的基础，"软联通"则是区域互联互通的"润滑剂"。

互联互通中，"硬联通"与"软联通"建设并非同步推进。理论上讲，"硬联通"建设可能超前于"软联通"，"软联通"建设也可能超前于"硬联通"。但现实中，"硬联通"建设超前于"软联通"的情形居多。这与"硬联通"和"软联通"建设内容的不同密切相关。尽管铁路、公路、港口、口岸和物流园区的新建与改造需要投入大量资金，但"硬联通"对通道有形运输成本的影响也是显而易见的，且易于度量，容易引起通道沿线各参与方的关注进而成为互联互通重点建设的对象。相反，尽管政策协调、制度对接、标准统一、规则衔接无须投入大量的资金，但"软联通"对无形交易成本的影响往往讳莫如深，且难以度量，不容易引起通道沿线各参与方的关注而被一再滞后。

此外，政府作为区域互联互通建设的主要参与者，尤其是在通道建设的早期，政府的参与引领示范效应极为重要。对政府而言，基础设施新建和改造属于做"加法"，政府的主要工作是做好基础设施规划和资金投入。因此，"硬联通"建设能够产生乘数效应，经济带动效应明显，政府参与建设的内在动力足、行动快。相反，政策协调、制度对接、标准统一、规则衔接属于做"减法"，其建设需要政府自我革命、简政放权、减税降费。因此，"软联通"建设往往会触及一些部门的既得利益，政府参与建设的内在动力弱、行动慢。加之政策、制度、标准和规则的实施具有一定的路径依赖性，又是破旧立新的过程，建设的阻力往往较大，完全适用并发挥作用的过程较长。某种程度上，相对于"硬联通"建设，"软联通"建设的难度更大，任务更艰巨。

互联互通中，"软联通"与"硬联通"相辅相成、相互促进。互联互通的总成本等于有形的运输成本与无形的交易成本之和。如果仅注重设施"硬联通"忽视了机制"软联通"，极易引发各类摩擦与纠纷，不仅会造成铁路、公路、港口、口岸、物流园区等"硬联通"设施利用不足，而且会使"硬联通"的质量和效率大打折扣。因为有形的运输成本虽然下降了，但无形的交易成本却上升了，最终互联互通的总成本依然居高不下。同样，如果仅有机制"软联通"而忽视了设施"硬联通"，互联互通无异于缺乏根基的空中楼阁，"软联通"也失去了建设的必要。因此，"软联通"与"硬联通"犹如西部陆海新通道互联互通的一体两翼，缺一不可。

长期以来，我国西部地区的基础设施供给一直无法有效满足和适应西部地区经济快速发展需求。西部陆海新通道建设之初，其在"硬联通"方面的短板明显，基础设施建设缺口较大，"硬联通"先行有利于各方形成共同关注，促成一致行动，加快西部陆海新通道建设。但是，随着西部陆海新通道基础设施建设规模扩大，在边际收益递减规律作用下，基础设施投资的回报率将逐步下降。这既不利于建设之初政府庞大资金投入的回收，也不利于后期建设吸引社会资本的参与。因此，西部陆海新通道沿线各参与方在推进铁路、公路、港口、口岸、物流园区等"硬联通"的同时还需同步推进政策、制度、标准、规则等"软联通"建设，以充分发挥基础设施功能，提高基础设施投资回报率，吸引社会资本参与。

三、"软联通"建设的五个维度

习近平总书记指出，中国与"一带一路"沿线国家要"加强政策沟通、设施联通、贸易畅通、资金融通、民心相通（以下简称"五通"），以点带面，从线到片，逐步形成区域大合作"。西部陆海新通道作为"一带一路"的有机组成部分，"五通"理应是西部陆海新通道互联互通建设的重要内容。事实上，"五通"既包含"硬联通"的成分，也包含"软联通"的成分。其中，政策沟通、贸易畅通、资金融通、民心相通既是互联互通的目的，也是实现互联互通的路径，属于典型的"软联通"建设内容。尽管设施联通侧重于基础设施"硬联通"，但亦含有"软联通"成分，如海铁联运、公铁联运等多式联运标准的衔接、运输资源的整合。因此，"五通"为推动西部陆海新通道"软联通"搭建了一个完整的建设框架。

政策沟通是西部陆海新通道建设的基本前提。西部陆海新通道参与方众多，既包括国内西部省区市，也包括沿线其他国家，各参与方对西部陆海新通道的认识与重视并不完全统一。通道建设前，各参与方的政策制定主要是依据自身发展需求与利益最大化，而非通道整体利益的最大化。通道建设后，作为利益关联者，各参与方在制定政策时不仅要考虑自身利益，还要兼顾政策外部性，考虑政策可能对通道其他参与方产生的影响。如果缺乏有效的政策沟通，轻则可能导致各参与方政策的不协调，无法形成合力，重则可能引起摩擦，甚至产生负面作用，阻碍通道建设。

设施软联通是西部陆海新通道建设的内在要求。作为西部陆海新通道最主要的运输方式，多式联运指的是两种及其以上的交通工具相互衔接、转运而共同完成的运输过程。其最大特点是发货人只要订立一份合同、一次付费、一次保险、通过一张单证即可完成全程运输，即"一票到底"。同时，多式联运的运力还具有显著的"木桶效应"，即通道整体运力是由多式联运中运力最小的运输方式决定的。通道建设前，各参与方结合自身实际和需求制定有独立的运输政策和税费标准，如不同的集装箱类别（见表1）。通道建设后，通道优势的发挥需要各参与方的协同。如果各参与方继续执行各自独立的运输政策和税费标准，将不利于通道运输成本的下降与运输效率的提升。

贸易畅通是西部陆海新通道建设的重要保障。西部陆海新通道建设参与方经济发展水平不一（见表2），竞争力悬殊。通道建设前，各参与方出于区域经济保护的目的，设置了或显性或隐性不同程度的贸易保护壁垒，在通道参与方之间的形成了或大或小程度不一的市场分割，阻碍了西部陆海新通道作为一个整体市场规模经济效应的发挥。此外，各参与方市场化程度不一，营商环境存在较大差异。互联互通中，这种差异不仅会对商品和生产要素在通道中的自由流动形成障碍，而且不利于商品和生产要素在各参与方之间的双向流动。通常，商品和生产要素容易从营商环境差的区域流向营商环境好的区域，但从好的地区流向差的地区较为困难。作为一条双向流通的贸易大通道，西部陆海新通道任何一个参与方的营商环境都将对整个通道商品与生产要素双向顺畅流动产生显著影响。

表1 集装箱类别及实施主体

集装箱类别	实施主体
国际标准	根据国际标准化组织（ISO）104 技术委员会制订的国际标准来建造和使用的国际通用的标准集装箱
国家标准	各国政府参照国际标准并考虑本国的具体情况，而制订本国的集装箱标准
地区标准	由地区组织根据该地区的特殊情况制订，此类集装箱仅适用于该地区
公司标准	某些大型集装箱船公司，根据本公司的具体情况和条件而制订的集装箱船公司标准，这类集装箱主要在该公司运输范围内使用

表2 西部陆海新通道各参与方经济发展水平

国际	人均 GDP（美元）	国内	人均 GDP（美元）
文莱	31437	重庆	10007
中国	7755	广西	6270
印度尼西亚	4285	贵州	6233
柬埔寨	1205	甘肃	4735
老挝	1789	陕西	9769
缅甸	1572	云南	5629
马来西亚	12109	宁夏	8175
菲律宾	3022	青海	7207
新加坡	58248	新疆	7567
泰国	6362	四川	7387
越南	1964		

资料来源：世界银行 World Development Indicators.

　　资金融通是西部陆海新通道建设的关键动力。首先，西部陆海新通道基础设施新建和改造资金需求规模大，以政府投入为主，社会资本参与不足。其次，西部陆海新通道沿线分布着数量众多的中小企业，但这些中小企业不同程度地面临着融资渠道少、成本高、效率低等金融约束现象，严重制约了中小企业参与通道建设和分享通道建设成果。再次，西部陆海新通道涉及铁海联运、公铁联运、跨境公路、国际铁路等多种运输组织方式。在不同运输组织方式下，运输单据、贸易结算、保险合同要求有一定的差别。最后，双向贸易中涉及货币兑换、汇率波动等金融风险，中小企业在国际贸易中往往缺乏相关知识和经验。这些都需要通过金融市场予以解决。

民心相通是西部陆海新通道建设的人文基础。西部陆海新通道跨越多个国家和地区，在长期发展中，不同国家和地区形成了不同的法律制度、政治体制、宗教习俗。经验表明，不同文明交流碰撞是一把双刃剑。其既可催生出新的文明，促进区域互联互通，也易产生冲突，阻碍区域互联互通。文明没有高低优劣之分，只有特色之别。这不仅需要通过官方渠道予以消解，也需要在民间交往中形成一个相互欣赏、相互包容、相互尊重的人文格局予以消融。相对官方交流，民间交往的形式多样、生动活泼，更容易增进彼此了解，拉近彼此距离。

四、西部陆海新通道"软联通"建设的短板

当前，西部陆海新通道互联互通中，无论是建设的速度还是投入的力度，"硬联通"都已超前"软联通"。"软联通"建设滞后对西部陆海新通道功能有效发挥的负面效应开始显现。基于"软联通"建设的五个维度，西部陆海新通道在"软联通"方面还存在如下短板。

（一）政策沟通：缺乏长效机制，沟通渠道单一

作为由中国和新加坡两国政府共同发起的互联互通项目，西部陆海新通道的国际"朋友圈"不断扩大。随着越来越多的国家加入，建设信息的及时传递十分重要。信息传递不及时，容易造成各参与方对通道建设理解的偏差，轻则贻误建设时机，重则引起形势误判。当前，西部陆海新通道沿线国家对彼此之间的建设措施、建设进度和建设成果存在不同程度的资

讯赤字，导致部分国家对西部陆海新通道建设的重大机遇认识不足，参与通道建设的积极性不高，进而滞后了西部陆海新通道互联互通的进程。

信息传递不及时的一个重要原因在于政策沟通渠道单一，缺乏长效机制。在国际层面，西部陆海新通道政策沟通以国家领导人的非定期会晤为主，政策沟通具有随机性和不确定性。在国内层面，西部已有 10 个省区市达成合作倡议，签署合作文件，但并未搭建有效的合作平台。经验表明，跨区域经济合作之初，各省区市建设的积极性较高，但随着时间的推移，缺乏长效机制易导致各省区市参与建设的"剃头挑子"现象——部分省区市很积极，部分省区市则反应冷淡。另外，西部陆海新通道政策沟通具有明显的政治挂帅特征，这有利于短期内动员资源，为基础设施建设提供资金、人力、物力保障，有利于短期内取得显著成绩，但社会组织和社会力量缺位，政策沟通的参与面过窄，不利于后期政策的完善和推行。

（二）设施联通：运输资源分散，货运吞吐不足

西部陆海新通道将打造贯穿南北的海铁多式联运的国际贸易物流主干线作为互联互通的重点建设目标，但目前北部湾港口的吞吐量与这一目标尚有不小的差距。2017 年北部湾港货物吞吐量为 2.17 亿吨，排在第十八位（见表3），低于邻近港口湛江港，与排在前十名的港口差距更大。港口货物吞吐量与港口航线的多寡和密度大小成正比。截至 2018 年，北部湾港共开通航线 44 条，覆盖东南亚主要港口。天津港集装箱班轮航线达到 120 条，广州港开通集装箱航线达 202 条，宁波—舟山港开通航线 236 条。与国内主要港口相比，北部湾港航线数量过少，密度过低。港口航线少、密度低会导致港口货运不足。货物抵达港口后不能及时装运，停留时间长和港口仓储费增加会削弱西部陆海新通道的时间和价格优势。货运量不足又会进一步导致港口航线少、密度低。同一航程，固定航线，在正常装载范围内，货轮每次运行的固定成本基本不变。运量小，单位货物分摊的固定成本就高。为维持合理运价，船运公司在北部湾港就无法有效实现"定点、定时、定价、定线、定轮次"的停靠，尤其是远洋班轮。这会削减已有航线的竞争优势，也不利于西部陆海新通道"空箱返程率"的下降。此外，还会导致港口设施利用率低，投资回报慢，挤占北部湾港通过降低港口收费吸引船运公司开通航线的空间。

表3　2017年我国规模以上港口货物吞吐量　　　　单位：万吨

港口	货物吞吐量	港口	货物吞吐量	港口	货物吞吐量
宁波—舟山港	100711	烟台港	28560	泰州港（内河）	19706
上海港	75072	湛江港	28152	重庆港（内河）	19606
苏州港（内河）	60774	黄骅港	26957	江阴港（内河）	15878
广州港	56619	秦皇岛港	24480	福州港	14599
唐山港	56540	深圳港	24097	镇江港（内河）	14429
青岛港	50799	南京港（内河）	23913	泉州港	12886
天津港	50284	南通港（内河）	23569	芜湖港（内河）	12823
大连港	45105	北部湾港	21728	岳阳港（内河）	12115
营口港	36239	厦门港	21046	杭州港（内河）	10786
日照港	36002	连云港港	20739	湖州港（内河）	10515

资料来源：交通运输部《2017年交通运输行业发展统计公报》。

打破"航线少、密度低，运量不足"的恶性循环，关键在于增加北部湾港口货物吞吐量。"吐"，就是挖掘西部地区贸易的供给潜力，增加出口货运量。"吞"，就是挖掘西部地区贸易的需求潜力，增加进口货运量。西部10个省（区、市）与国际陆海贸易新通道沿线国家的贸易潜力巨大，能够满足北部湾港成长为国际性大港的货运需求。尽管每年单个西部省（区、市）与国际陆海贸易新通道沿线国家的贸易量不是很大，但10个省（区、市）贸易量的汇总就十分可观。然而，西部大部分地区尤其是县域地区的贸易潜力没有被充分挖掘出来。这些县域地区往往远离西部陆海新通道铁路主干线，如果选择西部陆海新通道走北部湾港，出口需要先经公路将货物运送至铁路主干线的站场（多为省会），再卸货、装载由铁路运至北部湾港；进口路线不变，方向相反。囿于县域地区的集疏运体系不健全，货运资源分散，造成货运成本高，效率低，降低了西部县域地区产品尤其是特色产品的出口供给，也抑制了其对国际陆海贸易新通道沿线国家产品的进口需求。

（三）贸易畅通：营商环境欠佳，政策落地不足

营商环境是市场、产业、人和物的全面融合，是一种商业氛围、一种

商业态度。从单个指标看，西部地区水电气等生产要素价格比东部地区有优势，但综合来看，由于良好商业氛围的缺失，单个营商环境优化措施在具体实践中大打折扣，只能在局部产生微弱影响。西部陆海新通道各省区市营商环境程度参差不齐（见表4）。其中，既存在营商环境相对较好的地区，也有营商环境较差的地区。整体上，西部陆海新通道的营商环境与发达地区仍有较大的差距（如排最后10名的城市中，西部陆海新通道所在城市就占了6席）。根据粤港澳大湾区研究院发布的结果，西部陆海新通道各省区市相对东部发达地区在企业用水、用电、用气、房价、用工成本等方面相对较低，具有明显的商务成本优势，但在软环境方面劣势同样明显，进而抵消了商务成本方面的优势。

表4 西部陆海新通道主要城市软环境建设情况（2017年）

城市	开办企业耗时（天）	开办企业成本（%）	最少支付资本（%）	执行合同耗时（天）	执行合同的成本（%）	财产登记程序（个）	财产登记成本（%）
西安	43	15.2	304.8	235	21.7	8	5.1
银川	55	12	335.8	270	28.8	10	4.4
重庆	39	9.5	273.3	286	14.8	7	7
成都	35	19.1	354.4	295	35.5	11	3.9
昆明	42	13.9	383	365	36.4	9	5.4
乌鲁木齐	44	9	230.2	392	20.5	11	4.2
贵阳	50	26.6	605.2	397	23	9	12.6
南宁	46	16.5	342.4	397	17.1	12	6.8
兰州	47	14.1	408.7	440	29.9	10	7.8
西宁	51	12	298.3	458	24.8	8	5.3

资料来源：粤港澳大湾区研究院研究报告：《2017年中国城市营商环境报告：广州、北京、深圳、上海居前四位》。

针对自身营商环境的不足，西部省区市先后制定出台了系列优化营商环境的政策措施，如旨在提高通关效率的"单一窗口"制、24小时预约通关、通关现场业务改革、通关作业流程优化、查验异常处置效能提升等，但有些措施方案在执行过程中具有较大的弹性，执行的尺度和力度不一致，往往会因时、因地、因人、因事而"走样"，营商环境的"玻璃门"

"旋转门""弹簧门"等问题依然存在。

（四）资金融通：金融合作少，金融创新弱

随着西部陆海新通道建设的推进，西部地区"走出去、引进来"企业逐步增多。企业金融需求需要金融机构密切配合，并提供有力支撑。当前，西部陆海新通道以政府主导的金融合作为主，金融机构自发的商业合作为辅。国内金融机构对外合作以政策性银行和国有银行为主，以设立分行或者代表处的方式进行，在国外设立专门法人资格银行的数量不多，对当地经济活动融入不深。同样，通道沿线国家金融机构在我国主要布点在北上广深等城市，西部省区市城市布点少，对西部地区经济活动融入也不深。此外，西部陆海新通道建设面临大规模的基础设施新建与改造，资金供需缺口大。这些基础设施回报周期长，单靠政府投入或企业自筹无法有效满足需求。

近年来，以互联网技术和信息通信技术为载体，传统金融在资金融通、支付、投资和信息中介服务等方面实现了颠覆性的改造。尤其是依托大数据和云计算在开放互联网平台形成的资源，互联网金融在满足企业融资需求，便利企业跨境投资结算和纾解中小微企业融资困境，提高金融服务效率和质量方面具有较为突出的优势。但是，由于互联网金融发展需要具备一定的规模，而西部陆海贸易新通道沿线国家规模普遍较小，互联网通信基础设施相对落后，互联网金融应用较为滞后。加之出于金融安全和经济安全考虑，通道沿线国家对发展互联网金融或引入互联网金融较为谨慎，在一定程度上阻碍了互联网金融服务西部陆海贸易新通道建设，制约了中小微企业参与通道建设的可能性。

（五）民心相通：人文交流不均衡，人才供需缺口大

随着我国对世界经济增长贡献的不断提升，对周边国家经济带动作用日益加大，西部陆海新通道沿线国家与我国的人文交流日趋活跃，为民心相通奠定了坚实的基础，突出表现为西部陆海新通道沿线国家来华留学人数的逐年增加（见图1）。但是，在西部陆海新通道沿线国家与西部省区市内部，其人文交流活跃程度存在明显的分异。一是西部陆海新通道沿线国

家存在明显的分异，泰国、新加坡、越南等较为活跃，文莱、柬埔寨较为滞后；二是西部省区市也存在明显的分异。得益于中国—东盟博览会永久落户南宁的优势，广西与西部陆海新通道沿线国家的人文交流较为活跃，成为吸引东南亚国家来华留学最多的省区，也是与东南亚国家人文交流最为活跃的省区，而宁夏、青海等与通道沿线国家的人文交流则稍显滞后。人文交流分布不均衡造成沿线国家对西部陆海新通道了解不全面、不深入，尤其是各省区市有关西部陆海新通道建设的最新政策、进度和成果等，制约了西部省区市与西部陆海新通道沿线国家的深入合作。

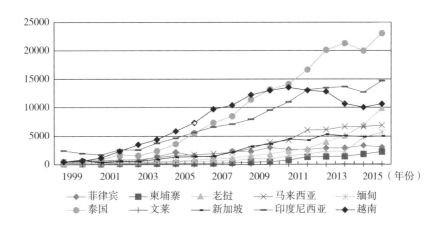

图 1 东南亚十国 1999~2016 年来华留学生人数

资料来源：根据《中国教育年鉴》（2000~2016）整理得到。

"一个国家文化的魅力、一个民族的凝聚力主要通过语言表达和传递。掌握一种语言就是掌握了通往一国文化的钥匙。学会不同语言，才能了解不同文化的差异性，进而客观理性看待世界，包容相处"。"语言相通是人与人相通的重要环节。语言不通就难以沟通，不沟通就难以达成理解，也就难以形成认同"。① 当前，西部陆海新通道建设对既精通一门通道沿线国家语言，又掌握一定技能，熟悉国家商务运营规则的"语言＋"人才需求较大。由于通道沿线国家语言多为非通用语，国内相关语言专业人才培养

---

① 2014 年 3 月 29 日习近平在柏林会见德国汉学家、孔子学院教师代表和学习汉语的学生代表，就加强中德语言文化交流的讲话。

相对不足，加之西部地区人才的外流，西部陆海新通道建设存在较大的人才供需缺口。

五、西部陆海新通道"软联通"建设的重点

构建"陆海内外联动、东西双向互济的开放格局"，西部地区不仅要把握西部陆海新通道建设的机遇，更在于如何充分发挥西部陆海新通道对推动西部地区形成全面开放新格局的带动作用。"软联通"与"硬联通"作为互联互通的一体两翼，西部地区在推动"硬联通"建设的同时还需加强"软联通"建设，有针对性地补齐"软联通"建设的短板。

一是拓宽交流渠道，建立长效机制。国际层面，努力促成通道沿线国家领导人之间经常性的互访会晤，增强政治互信；将西部陆海新通道作为每年中国—东盟博览会的常设议题，就西部陆海新通道合作议题展开讨论，签署双边多边合作协议，扫清合作障碍。国内层面，成立由西部省区市轮流承办的常设联席会，每年召开一次，围绕西部陆海新通道年度建设成就、存在问题以及需要合作开展的工作进行沟通协商；拓宽西部省区市社会组织参与西部陆海新通道建设的渠道，组织行业协会、商会等到西部陆海新通道沿线考察交流，增进对西部陆海新通道建设的认识和商业信息的传播扩散。

二是整合运输资源，建立集疏运体系。以西部陆海新通道沿线省会城市为一级节点，建立一级货物分拣中心，该一级中心主要承担本省经西部陆海新通道货物的分拨或中转；以地级市为二级节点，建立二级货物分拣中心，该二级中心主要承担本市经西部陆海新通道货物的分拨或中转；以县为三级节点，建立三级货物分拣中心，该三级中心主要承担本县经西部陆海新通道货物的分拨或中转；引导建立西部陆海新通道多式联运企业联盟，每个省区市培育2～3个多式联运企业，在保持市场竞争的同时做大做强，发挥规模经济与专业化优势，实现西部县域地区产品进出口一份合同、一个承运人、一种费率、一单结算、一次托运全程运输的"门到门"服务。

三是优化营商环境，推进政策落地。西部陆海新通道沿线各省区市需以"放管服"为契机，学习借鉴先进发达地区的经验，尤其是中国（上海）自贸区、粤港澳大湾区等成熟做法，将最新最先进的经验复制到西部

陆海新通道营商环境改善之中，让市场真正在资源配置中起决定性作用；不断提高人工智能、新技术在西部陆海新通道贸易通关中的应用，减少人为因素的影响；加强和规范事中事后监管，对营商环境和贸易便利化措施的落实情况开展定期或不定期的专项检查，重点检查反映投诉最多环节相关制度的执行情况，对有政策不落实或是"打折"落实，投诉反映多但长期未解决或解决迟缓的部门进行问责；同时，对营商环境改善和贸易便利化措施落实好的经验要及时总结推广。

四是加强金融合作，创新金融服务。西部陆海新通道需要做好银行等金融机构统筹规划，形成合理布局，引导政策性银行、国有银行以及地方性商业银行发挥各自优势，促进分工与合作；充分发挥丝路基金、亚投行基金等各类长期资金的作用，鼓励民间资本、民间金融以保险、证券形式等参与西部陆海新通道的建设；鼓励和支持其利用互联网技术和信息通信技术参与西部陆海新通道建设，构建与西部陆海新通道相适应、相匹配的金融市场、金融服务、金融组织、金融产品以及互联网金融监管体系；充分利用互联网金融在服务中小微企业，解决中小微企业融资难、融资贵等方面的优势，促进中小微企业参与西部陆海新通道建设。

五是促进人文交流，加强人才培养。西部省区市需要采取多种形式增加西部陆海新通道沿线国家民间人文交流的广度和深度，形成对官方交流的有益补充；加大西部省区市投资政策与机遇的海外宣传，增进海外投资者对西部陆海新通道的认识和了解，有针对性地做好对西部陆海新通道沿线国家的招商引资；结合西部陆海新通道建设的人才需求结构与规模，加大经费投入，在西部省区市增设和建设一批西部陆海新通道国家"语言＋"特色专业，培养一批"语言＋专业＋实践经验"的复合型人才；鼓励西部省区高校与西部陆海新通道沿线国家高校的合作，扩大对西部陆海新通道沿线国家留学生招收规模，培养更多的知华、友华、爱华的国际人才。

The Construction of New Land – Sea Corridor in Western China under the Overall Opening Pattern: The Perspective of Soft Linkage

Hu Chao   Fu Yuanjia   Guo Xia

Abstract   The New Land – Sea Corridor in Western China is becoming an important carrier to promote the formation of a new pattern of comprehensive opening up in Western China. As one of the two wings of interconnection, soft interconnection and hard interconnection complement and promote each other. While strengthening the "hard link" of infrastructure, the New Land – Sea Corridor in the West needs to promote the construction of "soft link" simultaneously. Policy communication, facility communication, trade unimpeded, capital financing and public sentiment communication are the five dimensions of the new land – sea channel in the west. The New Land – Sea Channel in the West should focus on broadening communication channels, establishing long – term mechanism, integrating transportation resources, establishing a collection and distribution system, optimizing business environment and promoting policy landing. Strengthen financial cooperation, innovate financial services, expand cultural exchanges, increase personnel training and other aspects to complement the "soft link" shortboard, give full play to the role of the new land and sea corridor to drive the overall opening of the western region.

Key Words   New Land – Sea Corridor in the West; Hard link; Soft link; Full Opening UP; Interconnection

Authors   Hu Chao, Guangxi University for Nationalities, Professor, Vice President; Fu Yuanjia, Beibu Gulf University, Professor, Executive Vice President; Guo Xia, Guangxi University for Nationalities, master degree candidate.

国别研究
Country Studies

宏观经济、所有权变更和银行信用风险
——来自印度尼西亚的证据

谭春枝　邓清芸　莫国莉

【摘要】本文采用2011~2018年印度尼西亚银行业的数据，使用不良贷款率衡量信用风险，定量分析了宏观经济和所有权变更对印度尼西亚银行信用风险的影响。研究结果表明，考虑所有权因素后，当经济上行时，银行业整体的信用风险有所下降。控制宏观因素的所有权变更影响如下：在静态效应方面，信用风险最高的是区域银行；在选择效应方面，被选为并购对象而发生国内所有权变更的银行具有较高的信用风险；在动态效应方面，国内所有权变更后银行的信用风险明显下降；而国际所有权变更并未给银行带来显著的信用风险下降。此外，相比于发生国内所有权变更的银行，发生国际所有权变更银行的信用风险对宏观经济冲击更加敏感。

【关键词】商业银行；信用风险；宏观经济；所有权变更；印度尼西亚

【基金项目】中国—东盟区域发展省部共建协同创新中心科研专项和教育部长江学者和创新团队发展计划联合资助项目（BG201501）。

【作者简介】谭春枝，广西大学商学院，教授；邓清芸，广西大学商学院，硕士研究生；莫国莉（通讯作者），广西大学商学院，讲师。

一、引言

自进入21世纪以来，新兴市场的经济走势逐渐成为国际上的热议话题。这些新兴市场通过各种金融改革和创新，抓住发展机遇，整合国内的政治、经济和文化资源，吸引了众多投资者。印度尼西亚（以下简称"印尼"）是亚太地区最重要的新兴市场之一。2018 年，印尼 GDP 增长率为 5.17%，在东盟十国中位列第六，人均 GDP 为 3896.60 美元，在东盟十国中位列第五；根据 EIU countrydata 的估计，在 2019~2023 年，印尼的 GDP 平均增长率将稳步维持在 5.1%[①]。

与许多新兴市场国家类似，印尼的经济发展中也存在监管不力和政治导向贷款等问题。20 世纪 80 年代以来，在印尼经济发展和金融系统自身进步的背景下，印尼银行业经历了多次改革的浪潮。印尼当局力图转变银行业以往粗放的经营模式，从内部治理、业务转型与外部监控等多维度，通过合规有序的方式整顿金融市场，引导国内外资金进行有效配置，以建立一个政策稳健、管理透明、监管严密、运营高效的国民银行体系，更好地应对由整个东南亚地区金融一体化带来的竞争。从当前的宏观形势看，印尼银行业面临着一定的挑战。国际形势的变化、国内大选年份后的社会发展使得印尼经济面临的不确定性提升，作为印尼金融体系的主导——银行也面临着相应的风险。一旦银行特别是系统重要性银行发生信用危机，势必会引发风险传染，甚至影响实体经济。因此我们有必要防患于未然，高度关注印尼银行的信用风险。

商业银行的强周期性使其受宏观经济环境的影响较大，而金融危机过后学者们在反思银行的风险行为时，对其背后的公司治理因素给予了大量关注。在印尼银行信用风险的影响因素上，不同于以往单独从宏观经济或所有权变更入手的方法，本文综合考察宏观经济波动与所有权变更二者共同对印尼银行信用风险的影响，并探讨不同所有权变更形式下宏观经济冲击对印尼银行信用风险影响程度的差异。文章结构如下：第一部分为引言；第二部分对有关信用风险度量方式、影响因素的文献进行梳理；第三部分讲述研究方法；第四部分为实证分析；第五部分为全文结论。

二、文献综述

商业银行信用风险度量模型的发展可以划分为两个阶段。第一阶段，即 20 世纪 90 年代以前，一些学者通过特定评价体系将借款人的资信状况

---

① 数据来自 BVD – EIU Country data – 各国宏观经济指标宝典。

数值化，以此来表示信用风险的大小（许涤龙、李峰，2009）[①]。典型方法包括专家评级及主观分析法、因子评分法（Altman，1968[②]，1977[③]）等。这种评价体系通过几个特定维度将企业的综合状况全面清晰地呈现出来，但对财务指标依赖性较强，同时还带有一定的主观因素。第二阶段，20世纪90年代以来，国外大型金融机构逐步将金融工程方法应用于商业银行信用风险控制领域，产生了众多量化模型。目前得到商业应用的度量模型主要包括：KMV公司的KMV模型、J. P. Morgan的Credit Metrics模型、Mckinsy的CPV模型和基于保险精算的Credit Risk + 模型。这些机构自身研发的商业模式具备较好的操作性与度量效果，但其运作方式依托于成熟的资本市场，需要大量的历史违约数据支持。

在实证研究中，许多文献从以历史数据为基础的后向风险入手，使用不良贷款率衡量信用风险（Berger and Deyoung，1997[④]；Williams et al.，2004[⑤]；Franco et al.，2011[⑥]）。霍源源等（2016）[⑦] 在使用CPV模型度量信用风险时，模型中实际使用的信用违约数据也是用不良贷款率替代的。一般来说，当经济上行时，企业盈利能力提高，较低的利率会减少企业的不良贷款余额，刺激投资需求，而银行出于盈利目的会放松信贷准入门槛，不良贷款余额减小和信贷规模增加的双重作用使得银行不良贷款率下降，银行信用风险随之降低；而当经济下行时，大多数企业盈利水平下降，违约概率增大；同时银行会通过严格信贷程序进行风险控制，导致企业向银行的再融资渠道缩窄，企业偿债能力进一步下降，最终出现不良贷

① 许涤龙、李峰：《金融机构信用风险度量模型的发展与比较》，《统计与决策》2009年第8期，第4-6页。

② Altman，Edward I.，"Financial ratios，discriminant analysis and the prediction of corporate Bankruptcy"，*Journal of Finance*，Vol. 23，No. 4，1968，pp. 589-609.

③ Altman，Edward I.，G. Haldeman Robert，and Narayanan P.，"ZETATM analysis a new model to identify bankruptcy risk of corporations"，*Journal of Banking & Finance*，Vol. 1，No. 1，1977，pp. 29-54.

④ Berger，Allen N.，and Robert Deyoung，"Problem loans and cost efficiency in commercial banks"，*Journal of Banking & Finance*，Vol. 21，No. 6，1997，pp. 849-870.

⑤ Williams，Jonathan，"Determining management behaviour in European banking"，*Journal of Banking & Finance*，Vol. 28，No. 10，2004，pp. 2427-2460.

⑥ Fiordelisi，Franco，Marques-Ibanez David，and Molyneux Phil，"Efficiency and risk in European banking"，*Journal of Banking & Finance*，Vol. 35，No. 5，2011，pp. 1315-1326.

⑦ 霍源源、李江、冯宗宪：《不同股权结构商业银行信用风险分析——基于宏观经济因素视角》，《财贸研究》2016年第4期，第85-94页。

款率与信用风险上升的情况（李育峰等，2016）①。

特殊国情（Angkinand and Wihlborg，2010 ）②、金融发展水平（Lee et al.，2012）③、信贷环境（Adrian，2010）④、政治影响（Micco et al.，2007）⑤ 等多种与宏观经济有关的因素都会对银行的业绩和风险产生重大影响，许多学者在不同国家的实证研究中得出了不同的结论。Ariccia 等（2012）⑥ 以美国次级债务危机为背景，分析出宏观经济波动对商业银行信用风险的作用机制：经济上行周期，扩张性的信贷政策会减轻企业的债务负担，增加抵押品价值并提高还款率，从而能降低信用危机发生的概率；经济下行周期则相反。Love 等（2014）⑦ 使用埃及 1993～2010 年的数据进行实证研究，发现由境外资本流入以及国内生产总值的提高等带来的经济增长，有助于商业银行贷款质量的提升，从而能降低不良贷款比率。在国内，谭燕芝和张运东（2009）⑧ 发现 GDP 增长率、CPI、M2 和失业率四个宏观经济指标对中美日三国银行信用风险的影响有显著差异：中国、日本的情况有相似之处，其银行信用风险水平分别与失业率、CPI 呈现显著的负相关关系，而美国的银行信用风险被金融衍生工具隐藏并积累起来，因此表面上受宏观经济影响不大。

有关所有权对银行信用风险影响机制的研究结论并不一致。银行所有

① 李育峰、李仲飞、周潮：《银行信用风险与经济增长的关系及逆周期资本缓冲——基于向量自回归和互谱分析方法的研究》，《运筹与管理》2016 年第 4 期，第 150 – 156 页。

② Angkinand, Apanard, and Clas Wihlborg, "Deposit insurance coverage, ownership, and banks' risk – taking in emerging markets", *Journal of International Money & Finance*, Vol. 29, No. 2, 2010, pp. 252 – 274.

③ Lee, Chien Chiang, Meng Fen Hsieh, and Hua Wei Dai, "How does foreign bank ownership in the banking sector affect domestic bank behaviour? A dynamic panel data analysis", *Bulletin of Economic Research*, Vol. 64, No. 1, 2012, pp. 86 – 108.

④ Adrian, Tobias, "Financial intermediaries and monetary economics", *Social Science Electronic Publishing*, Vol. 3, No. 398, 2010, pp. 601 – 650.

⑤ Micco, Alejandro, Ugo Panizza, and Monica Yañez, "Bank ownership and performance. Does politics matter?", *Journal of Banking & Finance*, Vol. 31, No. 1, 2007, pp. 219 – 241.

⑥ Ariccia, Giovanni Dell, Deniz Igan, and Luc Laeven, "Credit booms and lending standards: Evidence from the subprime mortgage market", Vol. 44, No. 106, 2008, pp. 367 – 384.

⑦ Love, Inessa, and Rima Turk Ariss, "Macro – financial linkages in Egypt: A panel analysis of economic shocks and loan portfolio quality", *Journal of International Financial Markets Institutions & Money*, Vol. 28, No. 1, 2014, pp. 158 – 181.

⑧ 谭燕芝、张运东：《信用风险水平与宏观经济变量的实证研究——基于中国、美国、日本部分银行的比较分析》，《国际金融研究》2009 年第 4 期，第 48 – 56 页。

权的变更主要有三种方式：私有化、国有化和私人实体之间的并购，不同类型的所有权可以看作不同的治理形式（Shleifer and Vishny，1997）[1]。兼并与收购被广泛认为是一种关键的公司治理机制，并且在新兴市场国家中，银行业公司治理的相关数据往往难以获得，因此可以通过所有权变更来捕捉治理形式变更带来的影响（Mohamed and Gregory，2017）[2]。Sapienza 等（2004）[3] 认为国有银行有低效率、人浮于事和高不良贷款率等显著缺陷。这是因为国有银行的目标并不一定是利润最大化，并且国有银行容易受到政治因素的干扰，而要刺激其经营者努力工作也需要花费更高的成本。而私有银行受到的政治干扰较少，并且能够通过有效的激励机制调整经营者与所有者的利益关系。虽然很多研究通过研究静态效应发现外资银行是最有效率的（Isik and Hassan，2003）[4]，然而 Naaborg 和 Lensink（2008）[5] 发现外资所有权与银行盈利能力之间存在负相关关系，这说明（国内）私有银行和国有银行具有一定的本土优势。Claessens 和 Van Horen（2012）[6] 发现只有在以下几种情况外资银行的表现才优于国内银行：①外国收购者来自高收入国家；②东道国的监管相对薄弱；③外资来源国家与东道国有着相似的语言与制度背景；④收购方资产雄厚且具有很高的市场占有率。关于印尼银行业绩和风险的文献显示，国有银行的业绩往往胜过外资银行。Hadad 等（2011）[7] 考察了 2003～2009 年印尼银行效率与股票

---

[1] Shleifer, Andrei, and Robert W. Vishny, "A survey of corporate governance", *Journal of Finance*, Vol. 52, No. 2, 1997, pp. 737 – 783.

[2] Shaban, Mohamed , and G. A. James, "The effects of ownership change on bank performance and risk exposure: Evidence from indonesia", Journal of Banking & Finance, Vol. 88, No. 3, 2017, pp. 483 – 497.

[3] Sapienza, Paola, "The effects of government ownership on bank lending", *Journal of Financial Economics*, Vol. 72, No. 2, 2004, pp. 357 – 384.

[4] Isik, Ihsan, and M. Kabir Hassan, "Financial deregulation and total factor productivity change: An empirical study of Turkish commercial banks", *Journal of Banking & Finance*, Vol. 27, No. 8, 2003, pp. 1455 – 1485.

[5] Lensink, Robert, "Banking in transition economies: Does foreign ownership enhance profitability?", *European Journal of Finance*, Vol. 14, No. 7, 2008, pp. 545 – 562.

[6] Claessens, Stijn, and Neeltje Van Horen, "Being a foreigner among domestic banks: Asset or liability?", *Dnb Working Papers*, Vol. 36, No. 5, 2012, pp. 1276 – 1290.

[7] Hadad M. D., Hall M. J. B., Kenjegalieva K. A., et al., "Banking efficiency and stock market performance: An analysis of listed Indonesian banks", *Review of Quantitative Finance & Accounting*, Vol. 37, No. 1, 2011, pp. 1 – 20.

表现之间的关系，他们的研究采用 DEA 方法，发现外资银行的效率往往低于印尼国内同行。

自 20 世纪 80 年代以来，印尼银行业一直在结合国内经济发展形势放宽外资股占比限制，扩大外资金融机构在印尼的业务范围，拓宽国内外金融市场合作领域。2011~2018 年印尼银行业的年均复合增长率为 12%。这种增长的主要驱动力是银行市场的渗透不足、庞大的消费基础和不断增长的中产阶级人口；在未来，这些经济基本面将推动银行业持续增长。因此，了解宏观经济、所有权变更对印度尼西亚银行业市场的影响，对于评估更紧密的金融合作带来的潜在收益以及由此产生的信用风险至关重要。

现有文献为本文研究宏观经济、所有权变更对印尼银行信用风险的影响奠定了重要基础，但已有结论都存在进一步拓展的空间。在宏观经济波动对银行信用风险的影响机制下，银行的所有权变更是否会对这种机制产生某种抑制或促进作用？另外，已有研究表明，所有权结构等银行公司治理特征均会对银行的风险选择行为产生影响，然而相关研究并没有考虑这种影响是否会随着宏观经济的波动发生变化。因此，综合考察宏观经济波动、所有权变更两个因素对银行信用风险的影响，并探讨不同所有权变更形式下宏观经济波动对银行风险影响程度的差异，有助于丰富和拓展现有的相关研究。

三、研究方法

（一）样本和观察值

印尼的银行可分为两大类：一类是常规银行（Conventional Banks），它按常规方式运作，可以再细分为常规商业银行（Conventional Commercial Banks，CB）与农村商业银行（Rural Banks，BPR）；另一类是伊斯兰银行，它按伊斯兰教义下的原则运作，可以再细分为伊斯兰商业银行（Sharia Commercial Banks，BUS）与伊斯兰农村银行（Sharia Rural Banks，BPRS）①。本

---

① 农村银行的业务范围明显小于商业银行，其经营活动包括符合相关规定的吸收存款与发放贷款等业务，但不能进行活期存款业务、外汇业务与保险业务。

文的研究对象是商业银行，根据印尼金融管理局（Otoritas Jasa Keuangan，以下简称"OJK"）的资料，截至 2018 年 12 月，印尼共有 115 家商业银行。

数据来源主要有四个：各银行经营管理资料来自 Bankfocus 数据库；银行间的并购资料来自 Zephyr 数据库；印尼银行业整体的资料来自 OJK；印尼城市人口数量来自 World Population Review[①]。首先，我们在 Bankfocus 查找到的原始资料中共找到 155 家有详细经营管理资料的金融机构，删除非银行金融机构后得到符合本文要求的商业银行 107 家，由于部分银行相应的缺漏值过多，因此对银行样本筛选，筛选后剩余 65 家，这些银行的总资产在 2011～2018 年均占印尼银行总资产的 89%以上[②]，因此这些银行能反映印尼银行业的普遍情况，具有较强的代表性。

我们在 Zephyr 数据库中对上文所述的 65 家银行进行条件搜索，以筛选出符合文章要求的银行，即通过并购发生所有权变更且为被收购方的银行，并确定相应的并购事件。首先，为了能够分析 2011～2018 年印尼银行所有权变动的动态影响，本文在 Zephyr 数据库中将并购发生年限设置为 2010 年 1 月 1 日到 2017 年 12 月 31 日，并只保留在这个时间内并购活动完整、已结束的银行。其次，对被并购银行按本文对"所有权变更"的定义进行了再次筛选，确认方式如下：在一家银行中，只有当某种所有权的比例从其原始比例提高到 50.01%或更高时，才认为这家银行发生了"所有权变更"，并且优先股的相关变动不纳入分析范围。再次，我们进一步整合在 1 年内发生多笔同性质并购的银行。最后，通过网络新闻、研究机构的行业报告对并购资料进行对比和补充，最终确认以下 11 家通过并购发生所有权变更的银行，如表 1 所示。

表 1　2010～2017 年印尼银行并购概览

编号	收购方	国家	目标银行	所有权	类型	年份
1	VICTORIA INVESTA-MA TBK，PT	印尼	BANK VICTORIA IN-TERNATIONAL TBK（PT）	私有	Acquisition increased from 47.513% to 50.422%	2016

① http：//worldpopulationreview.com/countries/indonesia – population/cities/.
② 数据来自印尼金融管理局。

续表

编号	收购方	国家	目标银行	所有权	类型	年份
2	BANTEN GLOBAL DEVELOPMENT, PT	印尼	PT BANK PEMBANGUNAN DAERAH BANTEN TBK	印尼区域银行	Acquisition increased from 40% to 100%	2016
3	PT BANKCHINA CONSTRUCTION BANK INDONESIA TBK	中国	BANK CHINA CONSTRUCTION BANK INDONESIA TBK., PT	外资	Acquisition 60%	2016
4	SHINHAN BANK	韩国	SHINHAN BANK INDONESIA	外资	Acquisition 98%	2015
5	J TRUST CO., LTD	日本	PT BANK JTRUST INDONESIA TBK	外资	Capital increase acquired 4.438%, to hold 99.997%	2015
6	BANK SAUDARA TBK, PT	韩国	PT BANK WOORI SAUDARA INDONESIA 1906 TBK	外资	Acquisition 100%	2014
7	BANK RAKYAT INDONESIA (PERSERO) TBK, PT	印尼	PT BANK RAKYAT INDONESIA AGRONIAGA TBK	私有	Acquisition 88.649%	2011
8	BANK OCBC NISP	新加坡	BANK OCBC NISP TBK	外资	Acquisition increased from 1% to 100%	2011
9	QATAR NATIONAL BANK	卡塔尔	BANK QNB INDONESIA TBK., PT	外资	Acquisition 69.6%	2011
10	BANK CENTRAL ASIA TBK, PT	印尼	PT BANK CENTRAL ASIA TBK	私有	Acquisition 100%	2010
11	PT BANK UOB BUANA TBK	新加坡	PT BANK UOB INDONESIA	外资	Acquisition 100%	2010

（二）模型设定

本文考察宏观经济与所有权变更对银行信用风险的影响，具体模型设定如下：

$$\sigma_{it} = \alpha + \beta M_{it} + \gamma X_{it} + \phi S_{it} + \zeta D_{it} + \lambda C_{it} + \varepsilon_{it} \tag{1}$$

其中，σ_{it} 表示银行信用风险，M_{it} 表示一组宏观经济指标，X_{it} 表示一组银行静态效应虚拟变量，S_{it} 表示一组银行选择效应虚拟变量，D_{it} 表示一组银行动态效应虚拟变量，C_{it} 表示控制变量，α、β、γ、ϕ、ζ 和 λ 是待估参数。回归时采用混合截面回归，控制年份固定效应，采用稳健标准误。

被解释变量 σ_{it} 表示银行的信用风险，本文使用不良贷款率（NPL）作为信用风险的代理变量。许多文献（Huong et al.，2016[1]；许坤、殷孟波，2014[2]；谭燕芝、张运东，2009[3]；李江、刘丽平，2008[4]）使用不良贷款率（NPL）衡量银行信用风险，因为它是对贷款质量、信用风险比较直接的反映，也是商业银行自身的重要指标和监管部门的核查重点。本文不良贷款率（NPL）数据来自 Bankfocus 数据库和银行官网披露的年报。M_{it} 表示一组宏观经济指标，如前文所述，一国的宏观经济会对银行的信用风险产生影响。本文参考刘金全（2003）[5]、王周伟和王衡（2016）[6]、蒋鑫（2009）[7] 以及张培源（2013）[8] 的观点，选择了四个宏观经济指标：用总投资率（TGIV）表示宏观经济的总体运行状态；用广义货币供应量 M2 年增长率（DMN2）表示货币政策的影响；用消费者价格指数年增长率（DCPI）表示通货膨胀率增速；用生产者价格指数年增长率（DPPI）表示生产领域价格变动情况。

---

① Le，Huong Thi Thu，Rajesh P. Narayanan，and Vo van Lai，"Has the effect of asset securitization on bank risk taking behavior changed?"，*Journal of Financial Services Research*，Vol. 49，No. 1，2016，pp. 39 – 64.

② 许坤、殷孟波：《信用风险转移创新是否改变了银行风险承担行为?》，《国际金融研究》2014 年第 7 期，第 54 – 61 页。

③ 谭燕芝、张运东：《信用风险水平与宏观经济变量的实证研究——基于中国、美国、日本部分银行的比较分析》，《国际金融研究》2009 年第 4 期，第 48 – 56 页。

④ 李江、刘丽平：《中国商业银行体系信用风险评估——基于宏观压力测试的研究》，《当代经济科学》2008 年第 6 期，第 66 – 73 页。

⑤ 刘金全：《投资波动性与经济周期之间的关联性分析》，《中国软科学》2003 年第 4 期，第 30 – 35 页。

⑥ 王周伟、王衡：《货币政策、银行异质性与流动性创造——基于中国银行业的动态面板数据分析》，《国际金融研究》2016 年第 2 期，第 52 – 65 页。

⑦ 蒋鑫：《影响商业银行信用风险的宏观经济因素分析》，《现代经济信息》2009 年第 12 期，第 31 – 32 页。

⑧ 张培源：《中国股票市场与宏观经济波动溢出效应研究》，《经济问题》2013 年第 3 期，第 46 – 50 页。

参考 Berger 等 (2005)[①]、Lin 和 Zhang (2009)[②] 的方法，本文从三个方面来分析所有权变更对银行风险的影响：静态效应描述的是样本期间内未发生所有权变更的银行的信用风险状况。选择效应描述的是样本期间内发生所有权变更的银行的信用风险状况。而动态效应度量的则是在发生所有权变更的银行中，所有权变更前后的银行信用风险差异，具体如下：

(1) 为了衡量静态效应，本文构造了一组静态效应虚拟变量 X_{it}，本文根据银行所有权性质将 X_{it} 划分为四类，分别是样本期间内未发生所有权变更的外资银行（Foreign Bank，FB）、国内私有银行（Private Bank，PB）、国有银行（State - owned Bank，SOB）和区域发展银行（District - owned Bank，DB）。国内私有银行（PB）为这组变量的基底，其他三个静态效应虚拟变量系数度量的是在未发生所有权变更的银行中，相应类别银行与国内私有银行（PB）之间的信用风险差异[③]。

(2) 为了衡量选择效应，本文构造了一组选择效应虚拟变量 S_{it}，根据银行所有权性质将其划分为两类，分别是国内选择效应虚拟变量（Domentic Acquisition - Selection Effect，DAS）和国际选择效应虚拟变量（Foreign Acquisition - Selection Effect，FAS）。选择效应虚拟变量的系数衡量的是两类发生过所有权变化的银行和国内私有银行（PB）之间的信用风险差异。

(3) 为了衡量动态效应，本文构造了一组动态效应虚拟变量 D_{it}，根据银行所有权性质将其划分为两类，分别是国内动态效应虚拟变量（Domestic Acquisition - Dynamic Effect，DAD）和国际动态效应虚拟变量（Foreign Acquisition - Dynamic Effect，FAD）。动态效应虚拟变量的系数衡量的是所有权变更前后银行的信用风险变化。

---

① Berger, Allen N. , George R. G. Clarke, Robert Cull, Leora Klapper, and Gregory F. Udell, "Corporate governance and bank performance: A joint analysis of the static, selection, and dynamic effects of domestic, foreign, and state ownership", *Social Science Electronic Publishing*, Vol. 29, No. 8 - 9, 2005, pp. 2179 - 2221.

② Lin, Xiaochi, and Zhang Yi, "Bank ownership reform and bank performance in China", *Journal of Banking & Finance*, Vol. 33, No. 1, 2009, pp. 20 - 29.

③ 静态效应虚拟变量的构造依据为 bankfocus 中有关银行所有权的相关资料，当某单一持股人或联合持股团体对银行的最终持股比例超过 50.01% 时，该持股资金的性质就能决定银行所有权的类型。例如，在某印尼银行中，一位印尼股东的最终持股比例超过了 50.01%，则该银行为私有银行，若印尼政府的最终持股比例超过了 50.01%，则该银行为国有银行。

为了更好地进行分析，本文还引入了控制变量，这是因为目标银行自身的某些特点可能会导致实验结果产生偏差，我们希望能将这种偏差减少一些。主要解释变量与控制变量的具体含义与取值详见表 2，变量的描述性统计见表 3。

表 2　主要变量及其含义

变量类别和名称			变量符号	变量含义
被解释变量	不良贷款率 σ_{it}		NPL	不良贷款/总贷款
解释变量	宏观经济指标 M_{it}		TGIV	总投资/GDP，总投资率
			DMN2	广义货币供应量 M2 年增长率
			DCPI	消费者价格指数年增长率
			DPPI	生产者价格指数年增长率
	所有权变更指标	一组静态效应虚拟变量 X_{it}	FB	虚拟变量 FB = 1 时表示样本期间内未发生所有权变更的外资银行，否则等于 0
			PB	虚拟变量 PB = 1 时表示样本期间内未发生所有权变更的国内（私有）银行，否则等于 0
			SOB	虚拟变量 SOB = 1 时表示样本期间内未发生所有权变更的国有银行，否则等于 0
			DB	虚拟变量 DB = 1 时表示样本期间内未发生所有权变更的区域发展银行，否则等于 0
		一组选择效应虚拟变量 S_{it}	DAS	国内选择效应虚拟变量 DAS 表示在样本期间内发生国内所有权变更的银行，在整个样本时间内取值 1
			FAS	国际选择效应虚拟变量 FAS 等于 1 时表示在样本期间内发生国际所有权变更的银行，在整个样本时间内取 1
		一组动态效应虚拟变量 D_{it}	DAD	在所有权变更发生当年及以前年份，国内动态效应虚拟变量 DAD 取值 0，所有权变更发生后一年开始直到样本期间结束取值 1
			FAD	在变更当年及以前年份，国际动态效应虚拟变量 FAD 取值 0，变更发生后一年开始取值 1

续表

变量类别和名称	变量符号	变量含义
控制变量 C_{it}	LISTED	虚拟变量 LISTED = 1 时表示为上市银行，否则为 0
	BUSINESS	虚拟变量 BUSINESS = 1 时表示收购方的行业归属于银行大类，否则为 0
	ATS	ATS 表示每家银行每年资产在整个银行业中的份额

表 3   基本变量的描述性统计

变量名	观测值	均值	标准差	最小值	最大值
NPL	412	2.683	2.233	0	23.68
TGIV	520	34.107	0.612	32.997	35.09
DMN2	520	11.205	3.23	6.29	16.43
DCPI	520	4.879	1.31	3.196	6.412
DPPI	520	6.667	2.031	4.411	10.75
FB	520	0.292	0.455	0	1
SOB	520	0.062	0.241	0	1
PB	520	0.369	0.483	0	1
DB	520	0.108	0.31	0	1
FAS	520	0.108	0.31	0	1
DAS	520	0.062	0.241	0	1
FAD	520	0.065	0.247	0	1
DAD	520	0.037	0.188	0	1
LISTED	520	0.508	0.5	0	1
BUSINESS	520	0.969	0.173	0	1
ATS	501	0.015	0.03	0	0.161

四、实证分析

表 4 前两列是对模型（1）的简化回归，后三列是基于模型（1）的回

归。第（1）列中的解释变量只有四个宏观经济变量和表示银行所有权属性的虚拟变量 FOREIGN。第（2）列在第（1）列的基础上加入了本文的三个控制变量。第（3）列是对未加入控制变量的模型（1）的回归。第（4）列在第（3）列的基础上加入本文的三个控制变量 LISTED、BUSINESS 和每家银行市场份额的滞后一阶 L. ATS，是对模型（1）最精确的表达。第（5）列在第（4）列的基础上剔除不显著的宏观经济变量：消费者价格指数（DCPI）和生产者价格指数年增长率（DPPI），以进一步证明排除无关宏观经济因素后，总投资率（TGIV）和 M2 增长率（DMN2）对银行信用风险的解释力。

表4　模型（1）回归结果

VARIABLES	（1） NPL	（2） NPL	（3） NPL	（4） NPL	（5） NPL
TGIV	− 1. 839 ***	− 0. 782 **	− 1. 910 ***	− 0. 843 **	− 0. 751 **
	(0. 630)	(0. 327)	(0. 651)	(0. 339)	(0. 368)
DMN2	− 0. 534 ***	− 0. 0782 **	− 0. 561 ***	− 0. 0971 ***	− 0. 114 ***
	(0. 156)	(0. 0327)	(0. 166)	(0. 0333)	(0. 0348)
DCPI	0. 273	− 0. 0305	0. 193	− 0. 0983	
	(0. 210)	(0. 156)	(0. 230)	(0. 168)	
DPPI	0. 428 *	0. 0958	0. 394	0. 0711	
	(0. 226)	(0. 167)	(0. 244)	(0. 174)	
SOB			0. 0115	0. 496	0. 496
			(0. 355)	(0. 445)	(0. 445)
DB			0. 475	0. 986	0. 986
			(0. 666)	(0. 741)	(0. 741)
FB			− 0. 0188	0. 561	0. 561
			(0. 382)	(0. 504)	(0. 504)
FAS			1. 027	1. 170	1. 170
			(1. 285)	(1. 413)	(1. 413)
DAS			5. 116 ***	2. 225 ***	2. 225 ***
			(0. 276)	(0. 519)	(0. 519)

续表

	（1）	（2）	（3）	（4）	（5）
VARIABLES	NPL	NPL	NPL	NPL	NPL
FAD			− 1.802 *	− 1.783	− 1.783
			（1.056）	（1.230）	（1.230）
DAD			− 5.924 ***	− 3.060 ***	− 3.060 ***
			（0.797）	（0.648）	（0.648）
FOREIGN	− 0.262	0.0420			
	（0.384）	（0.400）			
LISTED		0.626		0.920 *	0.920 *
		（0.428）		（0.473）	（0.473）
BUSINESS		− 3.024 ***		− 2.230 ***	− 2.230 ***
		（0.700）		（0.551）	（0.551）
L. ATS		− 0.0827 *		− 0.0855 *	− 0.0855 *
		（0.0460）		（0.0446）	（0.0446）
Constant	66.97 ***	32.80 ***	70.00 ***	34.28 ***	31.27 **
	（22.07）	（12.03）	（22.67）	（12.33）	（12.37）
Observations	412	359	412	359	359
R − squared	0.087	0.150	0.185	0.201	0.201

注： *** 表示 $p < 0.01$， ** 表示 $p < 0.05$， * 表示 $p < 0.1$。

（一） 宏观经济因素

从表 4 中可以发现，宏观经济变量总投资率（TGIV）和 M2 年增长率（DMN2）在基于模型（1）的 5 个回归中都显著为负，在第（4）列中的显著性分别为 5% 和 1%，而第（5）列剔除不显著的宏观变量后，总投资率（TGIV）和 M2 年增长率（DMN2）依然显著。说明在控制所有权等其他因素后，银行信用风险与经济发展趋势显著负相关，经济上行期信用风险下降，经济下行期信用风险上升，与前文所述一致。对于新兴市场国家而言，投资是促进产业发展的重要因素之一，总投资率（TGIV）反映着印尼宏观经济景气程度和增长状况。该指标的增加表示社会生产的增加，会提高企业经营收入和居民可支配收入，也会相应增强还款能力，使得商业银行不良贷款率（NPL）即信用风险下降。M2 年增长率（DMN2）的系数显著为负，宽松的货币政策给实体企业提供了流动性支持，有利于缓解由于实体企业的资金紧张而引发的破产，降低了信用风险。

（二）所有权变更因素

本文从静态效应、选择效应和动态效应综合考察所有权变更的影响。第（1）、第（2）列中的银行所有权虚拟变量 FOREIGN 系数相反且不显著，说明粗略地对银行所有权进行分类、只从相对静态的角度处理所有权因素，不能得到很好的结果，也证明了本文在第（3）、第（4）和第（5）列中，从静态效应、选择效应和动态效应进行综合分析是有必要的。

从静态效应看，在第（3）、第（4）和第（5）列中静态效应虚拟变量（SOB、DB、FB）的系数都不显著，说明在未发生所有权变更的银行中，所有权差异对信用风险的影响并不大。

从选择效应看，国内并购选择效应虚拟变量（DAS）的系数在不良贷款率（NPL）上显著为正，说明与未发生所有权变更的银行相比，发生国内所有权变更的银行具有较高的信用风险。这并不意味着国内并购的投资者倾向于选择高信用风险银行。这些银行被选择的原因不是本文关注重点，但从客观上看，这些被选择的银行确实有较高的信用风险。国际选择效应虚拟变量（FAS）的系数为正却不显著，说明发生国际所有权变更的银行没有表现出明显的信用风险差异。

从动态效应看，国内动态效应虚拟变量（DAD）的系数与国内选择效应虚拟变量（DAS）的系数相反且显著，说明发生国内所有权变更后，这些银行在贷款质量上有了很大的改善，信用风险有所下降。国际选择动态虚拟变量（FAD）的系数只有在第（3）列中显著，在第（4）、第（5）列中即加入控制变量后不显著，说明在国际并购发生后，信用风险没有显著变化。

（三）样本自选择问题

样本银行是否发生并购（所有权变更）可能和某些无法观测的因素有

关，可能由于银行本身的某种特性，银行被投资者选择成为收购方的可能性大大提升。因此可能存在样本自选择的问题，从而使得并购中的目标银行失去随机性。本文利用 Heckman 两步法修正选择性偏差。在第一阶段，构建一个银行并购的选择模型（Probit 模型）。被解释变量是银行并购是否发生的虚拟变量 MA，解释变量是银行的费用收入比（CTI）和银行所在城市经济发展水平的代理变量城市人口的自然对数（LN_CITYPL）；并利用估计结果计算逆米尔斯比率 IMR（Inverse Mills Rate）。在第二阶段，将 IMR 插入原有模型（1）进行估计，以对银行并购可能存在的内生性进行控制。

第一阶段选择模型的回归结果为：

$$\text{Probit（MA）} = -5.3512 + 0.0064\text{CTI} + 0.2558\text{LN\_CITYPL} \qquad (2)$$
$$\qquad\qquad\qquad (3.19) \qquad\qquad (2.16)$$

表 5 展示了基于模型（1）的第二阶段结果。IMR 通过了显著性检验，本文主要结论没有改变，即宏观经济变量总投资率（TGIV）、M2 年增长率（DMN2）的系数显著为负，说明经济上行时银行信用风险下降，反之亦然；国内选择效应虚拟变量（DAS）显著为正说明国内所有权变更前被选中银行的信用风险较高，国内动态选择效应虚拟变量（DAD）显著为负说明变更后信用风险有所下降。在第（3）、第（4）和第（5）列中有所不同的是，没有发生所有权变更的区域银行（DB）的系数显著为正，说明此类银行的不良贷款率较高，信用风险较大。

表 5　考虑样本自选择的回归结果

	（1）	（2）	（3）	（4）	（5）
VARIABLES	NPL	NPL	NPL	NPL	NPL
TGIV	−2.086 ***	−0.851 **	−2.195 ***	−0.930 ***	−0.828 **
	(0.599)	(0.322)	(0.670)	(0.345)	(0.372)
DMN2	−0.626 ***	−0.107 ***	−0.656 ***	−0.112 ***	−0.124 ***
	(0.154)	(0.0311)	(0.171)	(0.0327)	(0.0334)
DCPI	0.386 *	0.0144	0.348	−0.0189	
	(0.215)	(0.164)	(0.221)	(0.166)	
DPPI	0.527 **	0.139	0.525 **	0.132	
	(0.231)	(0.174)	(0.242)	(0.174)	

续表

VARIABLES	（1）	（2）	（3）	（4）	（5）
	NPL	NPL	NPL	NPL	NPL
SOB			0. 143	0. 560	0. 560
			(0. 337)	(0. 409)	(0. 409)
DB			1. 958 **	2. 327 ***	2. 327 ***
			(0. 787)	(0. 808)	(0. 808)
FB			0. 275	0. 751	0. 751
			(0. 396)	(0. 489)	(0. 489)
FAS			0. 843	0. 882	0. 882
			(1. 032)	(1. 085)	(1. 085)
DAS			2. 175 ***	0. 843 ***	0. 843 ***
			(0. 509)	(0. 297)	(0. 297)
FAD			− 1. 695 **	− 1. 605	− 1. 605
			(0. 840)	(0. 986)	(0. 986)
DAD			− 3. 055 ***	− 1. 635 ***	− 1. 635 ***
			(0. 628)	(0. 443)	(0. 443)
IMR	− 1. 968 **	− 1. 536	− 3. 243 ***	− 3. 104 ***	− 3. 104 ***
	(0. 848)	(0. 997)	(0. 903)	(0. 886)	(0. 886)
FOREIGN	− 0. 280	− 0. 139			
	(0. 339)	(0. 369)			
LISTED		0. 445		0. 853 *	0. 853 *
		(0. 431)		(0. 451)	(0. 451)
BUSINESS		− 1. 717 **		− 1. 193 **	− 1. 193 **
		(0. 681)		(0. 465)	(0. 465)
L. ATS		− 0. 0853 *		− 0. 0772 *	− 0. 0772 *
		(0. 0462)		(0. 0444)	(0. 0444)
Constant	78. 20 ***	36. 30 ***	83. 93 ***	40. 31 ***	37. 52 ***
	(20. 83)	(11. 49)	(23. 78)	(12. 82)	(12. 82)
Observations	375	341	375	341	341
R − squared	0. 137	0. 161	0. 225	0. 252	0. 252

注： *** 表示 $p < 0.01$ ， ** 表示 $p < 0.05$ ， * 表示 $p < 0.1$ 。

（四）稳健性检验

在经典金融中介理论和产业组织理论下，商业银行的流动性风险与信用风险显著相关（刘志洋，2016）[①]。Mohamed 和 Gregory（2017）[②] 在衡量银行所有权变动对银行业绩与信用风险的影响时，采用流动资产比率作为信用风险的代理指标。因此本文选择流动资产比率（LATA）作为信用风险的代理指标进行稳健性检验，该指标值越高说明信用风险越小。

结果如表 6 第（1）列所示，本文主要结论不变。M2 增速的系数在 1% 的水平下显著为正，说明经济环境较为宽松时，银行资产流动性上升，信用风险下降，与前文信用风险结果一致。在三种所有权变更效应中，国内选择效应虚拟变量（DAS）显著为负，国内动态效应虚拟变量（DAD）显著为正，说明发生国内所有权变更后，银行资产流动性上升，信用风险下降，与前文结论一致。不同之处在于，没有发生所有权变更的外资银行（FB）的系数显著为负，说明其流动资产比率较低，因此静态效应有所变化；国际动态效应虚拟变量（FAD）的系数在 10% 的水平下显著为负，说明国际所有权变更后，外资银行的信用风险有所上升。

印尼是世界上最大的岛屿国家，是连接亚洲、大洋洲以及印度洋、太平洋的重要枢纽。其国土领域的广阔性与地形的多样性使得不同区域间的经济发展水平存在显著差异，如表 7 所示，爪哇地区的 GDP 占比、第三方存管占比和贷款占比都比较大，因此该区域的银行更具有代表性。表 6 第（2）~（5）列是以模型（1）为基础的回归，但是对银行所在区域进行了筛选，删除了所在地不属于爪哇的银行，即只对爪哇地区的银行进行回归。第（2）、第（3）列的被解释变量是印尼银行的不良贷款率（NPL），而第（4）、第（5）列的是流动资产比率（LATA），第（3）、第（5）列的不同之处在于插入了前文计算的 IMR 指标控制内生性。

结果如表 6 中第（2）~（5）列所示，主要结论没有发生大的变化。宏

---

① 刘志洋：《商业银行流动性风险、信用风险与偿付能力风险》，《中南财经政法大学学报》2016 年第 3 期，第 52 - 59、159 - 160 页。

② Shaban, Mohamed, and Gregory A. James, "The effects of ownership change on bank perform-ance and risk exposure: Evidence from Indonesia", *Journal of Banking & Finance*, Vol. 88, No. 2017, pp. 483 - 497.

观经济变量结论不变：第（2）、第（3）列中总投资率（TGIV）和M2年增长率（DMN2）的系数显著为负，第（4）、第（5）列中总投资率（TGIV）的系数为正，M2年增长率（DMN2）的系数显著为正，说明经济上行时信用风险下降；从所有权变更效应看，国内选择效应虚拟变量（DAS）与国内动态效应虚拟变量（DAD）几乎都在1%的水平下显著，结论也没有发生变化，即国内所有权变更前信用风险较高，国内所有权变更后信用风险有所下降。此外，从静态效应看，外资银行表现出流动资产比率（LATA）较低的特点，这可能是因为外资银行能同时在国际、印尼国内市场上获得流动性来应对流动性冲击，因此不会将流动资产比率（LATA）维持在较高的水平。

表6　替换被解释变量与筛选样本地区的回归结果

VARIABLES	（1）LATA	（2）NPL	（3）NPL	（4）LATA	（5）LATA
TGIV	0.225	− 0.894 **	− 0.995 ***	0.477	0.330
	(0.691)	(0.367)	(0.366)	(0.708)	(0.717)
DMN2	0.532 ***	− 0.0948 **	− 0.117 ***	0.517 ***	0.528 ***
	(0.184)	(0.0357)	(0.0358)	(0.190)	(0.195)
DCPI	− 0.237	− 0.0919	− 0.00488	− 0.208	− 0.118
	(0.378)	(0.181)	(0.184)	(0.400)	(0.408)
DPPI	− 0.270	0.0918	0.162	− 0.325	− 0.270
	(0.250)	(0.187)	(0.192)	(0.265)	(0.268)
SOB	− 1.591	0.561	0.576	− 1.945	− 1.794
	(2.518)	(0.439)	(0.429)	(2.697)	(2.714)
DB	− 0.00413	1.512 *	2.590 ***	− 0.565	1.054
	(1.962)	(0.892)	(0.901)	(2.030)	(2.304)
FB	− 3.952 ***	0.484	0.816	− 4.375 ***	− 3.684 **
	(1.404)	(0.514)	(0.515)	(1.413)	(1.409)
FAS	0.287	1.153	0.948	− 0.291	− 0.769
	(3.034)	(1.435)	(1.077)	(3.123)	(3.250)
DAS	− 5.062 **	2.261 ***	0.822 **	− 5.513 ***	− 5.705 **
	(2.110)	(0.528)	(0.339)	(1.923)	(2.249)

续表

VARIABLES	（1） LATA	（2） NPL	（3） NPL	（4） LATA	（5） LATA
FAD	− 5. 474 * （2. 864）	− 1. 811 （1. 242）	− 1. 605 （0. 972）	− 5. 463 * （2. 883）	− 4. 842 （3. 016）
DAD	5. 988 *** （2. 123）	− 3. 055 *** （0. 654）	− 1. 586 *** （0. 492）	5. 889 *** （1. 975）	6. 276 *** （2. 255）
LISTED	− 4. 316 *** （1. 327）	0. 797 （0. 481）	0. 830 * （0. 470）	− 3. 816 *** （1. 318）	− 3. 612 *** （1. 281）
BUSINESS	− 1. 958 （1. 902）	− 2. 191 *** （0. 563）	− 1. 128 ** （0. 504）	− 1. 461 （1. 710）	− 0. 0685 （2. 254）
L. ATS	− 0. 0921 （0. 192）	− 0. 0936 ** （0. 0449）	− 0. 0661 （0. 0454）	− 0. 131 （0. 198）	− 0. 0984 （0. 195）
IMR			− 3. 486 *** （1. 191）		− 4. 934 * （2. 495）
Constant	9. 905 （23. 83）	35. 98 *** （13. 41）	42. 81 *** （13. 47）	1. 440 （24. 35）	11. 10 （24. 81）
Observations	419	328	311	389	389
R − squared	0. 194	0. 211	0. 258	0. 202	0. 214

注：*** 表示 p < 0. 01，** 表示 p < 0. 05，* 表示 p < 0. 1。

表 7　印尼 2018 年 GDP 占比区域分布与 2016 年第三方存管、贷款占比区域分布①

单位:%

	GDP 占比 （2018）	第三方存管占比 （2016）	贷款占比 （2016）
爪哇	58. 50	78	74
苏门答腊	22	11	12
加里曼丹	8	4	4
苏拉威西	6	3	4
巴厘	3	3	3
巴布亚	2. 50	2	2

---

① 印尼央行、安永报告。

　　本文将发生了股权变更的外资银行进行分组，一组为中国—东盟国家，另一组为非中国—东盟国家，结果分别对应表8的第（1）、第（2）列和第（3）、第（4）列。国际选择效应虚拟变量 FAS 在两组中依次表示为 FAS_CA 和 FAS_O，国际动态效应虚拟变量 FAD 在两组中依次分别表示为 FAD_CA 和 FAD_O，结果如表8所示。本文两个主要结论不变：经济上行期信用风险下降，反之亦然；国内所有权变更前银行的信用风险较高，变更后信用风险有所下降。不同之处在于，在加入控制变量的第（2）、第（4）列中，国际动态效应虚拟变量 FAD_CA 和 FAD_O 分别为不显著和在10%的水平上显著为负，说明分组来看，无论外资银行来自中国—东盟国家，还是其他区域国家，国际所有权变更发生后，信用风险均有所下降。

表8　对发生国际所有权变更银行的分组回归

	（1）	（2）	（3）	（4）
VARIABLES	NPL	NPL	NPL	NPL
TGIV	-1.810^{***}	-0.804^{**}	-1.936^{***}	-0.858^{**}
	（0.643）	（0.337）	（0.652）	（0.340）
DMN2	-0.523^{***}	-0.0850^{**}	-0.568^{***}	-0.0977^{***}
	（0.162）	（0.0321）	（0.167）	（0.0332）
DCPI	0.202	-0.0676	0.205	-0.0947
	（0.227）	（0.166）	（0.229）	（0.167）
DPPI	0.376	0.0753	0.410^{*}	0.0823
	（0.240）	（0.174）	（0.244）	（0.174）
SOB	-0.0570	0.497	0.117	0.634
	（0.399）	（0.430）	（0.328）	（0.422）
FB	-0.0958	0.504	0.0868	0.677
	（0.427）	（0.497）	（0.357）	（0.474）
DB	0.394	0.919	0.580	1.098
	（0.693）	（0.738）	（0.651）	（0.713）
DAS	5.009^{***}	2.118^{***}	5.219^{***}	2.276^{***}
	（0.353）	（0.535）	（0.239）	（0.488）
FAS_CA	-0.208	-0.427		
	（0.364）	（0.384）		

续表

VARIABLES	(1)	(2)	(3)	(4)
	NPL	NPL	NPL	NPL
FAS_O			1.654	1.944
			(1.754)	(1.831)
DAD	−5.850***	−2.954***	−5.918***	−3.006***
	(0.816)	(0.642)	(0.798)	(0.613)
FAD_CA	−0.647**	−0.105		
	(0.269)	(0.612)		
FAD_O			−2.303*	−2.616*
			(1.280)	(1.429)
LISTED		0.927*		0.998**
		(0.468)		(0.476)
BUSINESS		−2.233***		−2.234***
		(0.556)		(0.515)
L.ATS		−0.0925*		−0.0950**
		(0.0464)		(0.0436)
Constant	66.37***	32.70**	70.73***	34.61***
	(22.42)	(12.27)	(22.71)	(12.35)
Observations	412	359	412	359
R−squared	0.171	0.186	0.187	0.208

注：*** 表示 $p<0.01$，** 表示 $p<0.05$，* 表示 $p<0.1$。

（五）进一步研究：宏观经济广义双重差分

本文参考王永钦（2016）[①] 的方法，采用宏观经济广义双重差分的方式衡量宏观经济冲击、所有权变更对银行信用风险的影响。本文使用了三个宏观经济冲击变量。根据参考文献选择 M2 增速（DMN2）、实际有效汇率（XRRE）并将选定的宏观经济变量处理为虚拟变量（D_DMN2、

[①] 霍源源、李江、冯宗宪：《不同股权结构商业银行信用风险分析——基于宏观经济因素视角》，《财贸研究》2016 年第 4 期，第 85−94 页。

D_XRRE），若季度均值同比下降则为1，表示有宏观经济冲击，否则为0，表示没有宏观经济冲击。同时考虑到自2013年12月31日起印尼央行的监管职能被正式划分到印尼金融服务管理局（OJK），而市场监管者可能也会影响到银行的信用风险，本文设置虚拟变量OJK，变量OJK在2014~2018年取1，在2011~2013年取0。虚拟变量MA=1时表示处理组（Treatment Group），是发生了并购（所有权变更）的目标银行，控制组（Control Group）为其他剩余银行。控制变量在原有基础上增加国家宏观经济指标GDP年增长率（DGDP）、地方经济指标城市人口自然对数（LN_CITYPL）和银行个体变量成本收入比（CTI）、一级资本比率（TIER1）。同时控制时间与个体固定效应。

如表9所示，第（1）~（3）列表示样本为全部银行时，DMN2×MA、OJK×MA均在5%的水平下显著为正，说明从整体上看，宏观经济冲击发生时，即经济下行或经济环境趋紧、金融监管变更时，发生所有权变更的银行的不良贷款率（NPL）显著上升。第（4）~（6）列表示当样本为非外资银行即国内银行（包括国有银行、区域发展银行和私人银行）时，三个交乘项DMN2×MA、XRRE×MA和OJK×MA均不显著，说明发生国内所有权变更银行的信用风险对经济冲击不敏感。而第（7）~（9）列表示当样本为外资银行时，XRRE×MA在5%的水平下显著，OJK×MA在1%的水平下显著，说明受到经济冲击时，发生国际所有权变更的外资银行的信用风险会显著上升。这说明相比于外资银行，印尼国内的银行可能由于本土优势，能抵御一定程度的外生经济冲击。

结　语

本文采用2011~2018年印尼银行业的数据，使用不良贷款率衡量信用风险，定量分析了宏观经济和所有权变更对印尼银行信用风险的影响。研究结果表明，考虑所有权因素后，当经济上行时，银行业整体的信用风险有所下降。控制宏观因素的所有权变更影响如下：在静态效应方面，信用风险最高的是区域银行；在选择效应方面，被选为并购对象而发生国内所有权变更的银行具有较高的信用风险；在动态效应方面，国内所有权变更后银行的信用风险明显下降；而国际所有权变更并未给银行带来显著的信用风险下降。但是，发生国际所有权变更银行的信用风险对宏观经济冲击

表 9 宏观经济广义双重差分估计

VARIABLES	(1) NPL	(2) NPL	(3) NPL	(4) NPL	(5) NPL	(6) NPL	(7) NPL	(8) NPL	(9) NPL
MA	-0.916 (1.756)	-0.465 (1.743)	-0.287 (1.717)						
DAS				-1.219 (1.627)	-0.635 (1.504)	-0.465 (1.464)			
FAS							-3.057** (1.350)	-2.865** (1.294)	-2.431* (1.248)
D_DMN2	-0.537 (0.445)			-0.262 (0.631)			-0.598 (0.600)		
DMN2×MA	1.129** (0.547)			1.114 (1.060)			0.980 (0.622)		
D_XRRE		-0.415 (0.394)			-0.185 (0.556)			-0.658 (0.525)	
XRRE×MA		0.717 (0.556)			0.538 (1.080)			1.361** (0.628)	
OJK			1.670 (2.879)			0.710 (4.153)			1.037 (3.701)
OJK×MA			1.476** (0.646)			1.254 (1.407)			2.352*** (0.721)
DGDP	-1.964*** (0.494)	-1.685*** (0.572)	-4.061 (3.105)	-2.454*** (0.754)	-2.252** (0.894)	-3.248 (4.444)	-2.154*** (0.663)	-2.061*** (0.752)	-4.351 (3.992)

续表

VARIABLES	(1)	(2)	(3)	(4)	(5)	(6)	(7)	(8)	(9)
	NPL	NPL	NPL	NPL	NPL	NPL	NPL	NPL	NPL
DPPI	0.0867	-0.0129	-0.0417	-0.325	-0.370**	-0.384**	0.452**	0.345**	0.307*
	(0.153)	(0.113)	(0.125)	(0.222)	(0.162)	(0.179)	(0.202)	(0.148)	(0.162)
LN_CITYPL	-0.859	-0.872	-0.889	-1.210	-1.230	-1.260	-0.139	-0.0801	-0.0275
	(0.839)	(0.843)	(0.837)	(0.924)	(0.928)	(0.926)	(0.607)	(0.602)	(0.588)
L.ATS	-0.0353	-0.0519	-0.0745	-0.652	-0.675	-0.738	0.730	0.872	1.288
	(0.449)	(0.451)	(0.448)	(0.560)	(0.565)	(0.570)	(0.816)	(0.811)	(0.807)
LISTED	2.166	2.122	2.220	2.971*	2.927*	2.969*	2.064	2.045	1.799
	(1.527)	(1.534)	(1.524)	(1.594)	(1.600)	(1.596)	(1.252)	(1.241)	(1.215)
BUSINESS	-1.959	-1.831	-1.547	-3.116*	-2.928	-2.600			
	(2.078)	(2.089)	(2.079)	(1.873)	(1.886)	(1.931)			
CTI	0.0112**	0.0128**	0.0134**	-0.00444	-0.00264	-0.00149	0.0186***	0.0204***	0.0208***
	(0.00528)	(0.00534)	(0.00530)	(0.00901)	(0.00910)	(0.00921)	(0.00622)	(0.00619)	(0.00604)
TIER1	-0.00277	-0.00334	-0.00617	-0.0922*	-0.0896*	-0.0893	0.0113	0.0112	0.00664
	(0.0182)	(0.0182)	(0.0182)	(0.0528)	(0.0529)	(0.0528)	(0.0180)	(0.0178)	(0.0175)
Constant	26.29*	25.30*	37.41*	40.06**	39.19**	44.37	12.42	11.36	22.18
	(14.23)	(14.34)	(21.54)	(15.83)	(16.09)	(27.47)	(10.65)	(10.67)	(23.06)
Observations	322	322	322	165	165	165	157	157	157
R-squared	0.476	0.471	0.478	0.489	0.486	0.488	0.559	0.567	0.587

注：*** 表示 p<0.01，** 表示 p<0.05，* 表示 p<0.1。

更加敏感。

　　了解宏观经济、所有权变更对印尼银行业市场的影响，对评估未来中国—东盟金融合作带来的潜在收益以及由此产生的新风险至关重要。一方面，适当降低行业进入壁垒，能够增强中国—东盟银行业合作的广度与深度，通过资本在区域内的有效配置，在优势互补的合作发展中实现中国—东盟各国的繁荣。另一方面，随着金融体系的杠杆性、关联性和复杂性不断提升，金融内在不稳定性所带来的风险也相应增大，监管者依照国情加强监管十分有必要。

Macroeconomic Factors, Ownership Change and Bank Credit Risk

—Evidence from Indonesia

Tan Chunzhi　Deng Qingyun　Mo Guoli

Abstract　This study investigates the effects of macroeconomic factors and ownership change on bank credit risk of Indonesia using data of Indonesia banking sector from 2011 – 2018, and the credit risk is represented by the ratio of Non – Performing Loans to Total Loans (NPL). The result reveals that improved macroeconomic conditions will reduce bank credit risks with ownership changing factors taken into consideration. And we find following results controlling for macroeconomic factors: Regional development banks have the highest credit risk (static effect); banks undergoing a domestic acquisition had particularly high credit risks beforehand (selection effect); and these banks dramatically improved following domestic acquisition while banks undergoing a foreign acquisition did not (dynamic effect). But banks undergoing a foreign acquisition are more sensitive to macroeconomics shocks.

Key Words　Bank; Credit risk; Macroeconomic factors; Ownership change; Indonesia

Authors　Tan Chunzhi, Professor at Business School of Guangxi University; Deng Qingyun, graduate student of Business School of Guangxi University; Mo Guoli, corresponding author, lecturer at Business School of Guangxi University.

中国对东盟直接投资效率及潜力研究
——基于多维制度视角

崔日明　李　丹　王秋怡

【摘要】基于随机前沿引力模型，从东道国多维制度视角研究2010～2018年中国对东盟对外直接投资的效率及投资潜力。结果表明：东道国产权保护度、法律规则、贸易自由度和财政自由度是中国对东盟直接投资的阻碍因素，而政府稳定、腐败控制力度以及政府支出度是中国对东盟直接投资的促进因素。由于投资非效率项的存在，中国对东盟直接投资效率不高，效率均值仅为0.393，且存在国别差异。但从动态演变趋势看，中国对东盟直接投资效率、投资潜力均呈上升的趋势。客观评估东道国制度环境、优化投资区位布局、适度扩大对中等高收入及中等低收入国家的基础设施投资、合理引导产业转移、主动融入当地社会，有助于实现中国对东盟直接投资的提质增效。

【关键词】东盟；投资效率；投资潜力；随机前沿引力模型

【基金项目】辽宁省科技厅2020年科学事业公益研究基金（项目编号：2020JH4/10100043）

【作者简介】崔日明，辽宁大学研究生院，常务副院长，教授，博士生导师；李丹，辽宁大学经济学院，博士研究生；王秋怡，沈阳工业大学经济学院，本科生。

一、引言及文献综述

中国与东盟具有显著的地缘优势及产业基础，双方的经贸合作源远流长。随着中国—东盟自由贸易区正式全面启动、"一带一路"建设的深入推进以及"走出去"战略的不断实施，中国对东盟各国的直接投资规模进一步扩大，投资领域也更加广阔。《2018 年度中国对外直接投资统计公报》显示，截止到 2018 年末，中国对东盟的直接投资存量为 1028.58 亿美元，较 2017 年增加 15.56%。中国对东盟直接投资不仅局限于制造业等传统行业，同时还倾向于众多新兴行业。

尽管中国对东盟直接投资在数量上发展势头迅猛，但投资效率仍然较低。由于大部分东盟国家为发展中国家，其基础设施相对落后，道路与通信设施较不完善，各国政府治理水平、法律环境、经济开放程度存在较大差异，加之近年来全球的政治、经济环境越发复杂，加大了中国对东盟直接投资的阻力。因此，研究中国对东盟的直接投资效率、投资潜力，有助于打破中国对外直接投资瓶颈，进一步提升投资的质量与水平。

近年来，国内外学者运用不同方法从不同角度对中国对外直接投资效率进行了测度与评价。

第一，关于制度环境对直接投资的影响。蒋冠宏（2015）认为，规避东道国制度风险是中国企业进行跨国投资与并购的成功关键。[1] Ramassmy 等（2012）认为，较完善的政治、法律制度反而会阻碍中国的对外直接投资，这也体现了中国对外直接投资的"特殊性"。[2]

第二，关于中国对外直接投资效率的研究。胡浩等（2017）分析了中国对外直接投资前沿水平和引起效率损失的主要因素，认为中国对大部分样本国家的投资效率仍较低。[3] 孙江明等（2019）研究了东道国多维制度

① 蒋冠宏：《制度差异、文化距离与中国企业对外直接投资风险》，《世界经济研究》2015 年第 8 期，第 37 - 47 + 127 - 128 页。
② Ramassmy B., Yeung M., and Laforet S., "China's Outward foreign Direct Investment: Location Choice and Form Ownership", *Journal World of Business*, Vol. 47, No. 1, 2012, pp. 17 - 25.
③ 胡浩、金钊、谢杰：《中国对外直接投资的效率估算及其影响因素分析》，《世界经济研究》2017 年第 10 期，第 45 - 54 + 136 页。

影响下的中国对外直接投资效率。① 宋林等（2017）测度了中国对外直接投资效率和潜力及其影响因素。② 程中海等（2017）分析了中国对"一带一路"沿线国家的直接投资效率及国别潜力。③ 季凯文等（2018）认为，中国对发展中经济体的投资效率优于发达经济体。④

第三，关于中国对东盟直接投资效率的研究。屠年松等（2019）研究了东道国经济自由度对投资效率的影响⑤。付韶军等（2019）从东道国的政府治理水平角度实证分析了中国对东盟国家直接投资效率的影响因素。⑥ 梁双陆等（2019）对中南半岛国家的投资效率进行了实证研究。⑦

第四，在研究方法上，朱顺和等（2019）学者利用固定效应模型研究了对外直接投资效率，⑧ 田泽等（2016）⑨、薛昌骋等（2017）⑩ 学者采用数据包络法（DEA）对投资效率进行研究，乔晶等（2014）则利用随机前沿模型对中国的投资效率进行了测算。相比较而言，随机前沿法不但可以测度效率，还可以将投资非效率项作为技术无效率项，在加入人为因素的基础上深入分析影响投资非效率的主要因素。⑪

---

① 孙江明、刘萌、巩师恩：《多维制度环境影响下的中国对外直接投资效率研究》，《现代经济探讨》2019 年第 2 期，第 55 - 62 页。

② 宋林、谢伟、郑雯：《"一带一路"战略背景下我国对外直接投资的效率研究》，《西安交通大学学报》（社会科学版）2017 年第 4 期，第 45 - 54 页。

③ 程中海、南楠：《中国对"一带一路"国家直接投资的效率及潜力评估》，《商业研究》2017 年第 8 期，第 64 - 73 页。

④ 季凯文、周吉：《"一带一路"建设下我国对外直接投资效率及其影响因素——基于随机前沿引力模型》，《经济与管理评论》2018 年第 4 期，第 138 - 148 页。

⑤ 屠年松、王浩：《中国对东盟直接投资效率及影响因素实证分析》，《国际商务》（对外经济贸易大学学报）2019 年第 1 期，第 84 - 96 页。

⑥ 付韶军、王茜：《中国对东盟 10 国直接投资效率及影响因素研究》，《兰州学刊》2019 年第 3 期，第 77 - 88 页。

⑦ 梁双陆、申涛：《中国对中南半岛国家直接投资效率及影响因素分析》，《印度洋经济体研究》2019 年第 2 期，第 115 - 132 + 156 页。

⑧ 朱顺和、孙穗：《中国对外直接投资、投资效率与经济增长——以中国—东盟国家为例》，《工业技术经济》2019 年第 9 期，第 140 - 148 页。

⑨ 田泽、顾欣、杨欣远：《中国对非洲直接投资效率评价研究——基于超效率 DEA 方法》，《经济经纬》2016 年第 4 期，第 50 - 55 页。

⑩ 薛昌骋、廖青虎：《天津对"一带一路"沿线国家 OFDI 效率的评价研究——基于改进的 DEA 交叉模型与聚类分析》，《重庆理工大学学报》（自然科学版）2017 年第 8 期，第 192 - 198 页。

⑪ 乔晶、胡兵：《中国对外直接投资：过度抑或不足》，《数量经济技术经济研究》2014 年第 7 期，第 38 - 51 页。

通过对已有文献的梳理可以发现，中国对东盟直接投资效率及影响因素的研究较少，并且都是从某种单一制度因素角度进行分析。但制度存在多种维度，不同维度制度会对投资效率产生不同的影响。因此，本文在借鉴前期研究成果的基础上，利用随机前沿引力模型，基于东道国多维制度视角，选取 2010~2018 年中国对东盟直接投资的数据，构建相对完善的制度变量体系，实证研究中国对东盟国家的投资效率及投资潜力。

二、模型构建

（一）理论模型

随机前沿模型（SFA）最早由 Aigner（1977）和 Meeusen 等（1977）提出，该模型将误差项分解为两部分，即随机干扰项与非负的技术非效率项，从而估计出最优生产函数。2005 年起，学术界开始将随机前沿模型引入传统引力模型，构建了随机前沿引力模型，且该模型得到广泛应用。

根据引力模型，t 时期 i 国对 j 国直接投资的最优水平为：

$$OFDI_{ijt}^* = f(x_{ijt}\beta)\exp(\nu_{ijt}) \tag{1}$$

其中，$OFDI_{ijt}^*$ 为理论上的最优投资额，即"前沿"水平，x_{ijt} 为对外直接投资的核心影响因素，ν_{ijt} 为随机误差项，且 $\nu_{ijt} \sim iidN(0, \sigma_\nu^2)$。但由于投资阻力的存在，实际投资额达不到最优的前沿水平。将随机前沿模型引入模型（1）中，就得到了对外直接投资的随机前沿引力模型：

$$OFDI_{ijt} = f(x_{ijt}\beta)\exp(\nu_{ijt})\exp(-\mu_{ijt}), \quad \mu_{ijt} \geq 0 \tag{2}$$

等式两边同时取对数，可得：

$$LnOFDI_{ijt} = f(x_{ijt}\beta) + \nu_{ijt} - \mu_{ijt} \tag{3}$$

其中，$OFDI_{ijt}$ 为实际投资额，低于理论上的前沿水平 $OFDI_{ijt}^*$，μ_{ijt} 为对非负的投资非效率项，用来反映造成投资效率损失的各种人为因素，本文假定 $\mu_{ijt} \sim iidN^+(\mu, \sigma_\mu^2)$，且与 ν_{ijt} 相互独立。

考虑到 μ_{ijt} 可能随时间变化，根据 Battest（1992）提出的模型，将时变因素引入投资的随机前沿引力模型中得到：

$$\mu_{ijt} = \{\exp[-\eta(t-T)]\}\mu_{ij} \tag{4}$$

其中，η 为考虑时变性的待估参数，用以衡量非效率项随时间的变化程度。$\eta < 0$，说明非效率程度随时间递增，直接投资效率将下降；$\eta > 0$，说明非效率程度随时间递减，直接投资效率将上升；$\eta = 0$，说明非效率程度不随时间发生变化。

由此，我们可以得到投资效率：

$$TE_{ijt} = \frac{OFDI_{ijt}}{OFDI_{ijt}^*} = \exp(-\mu_{ijt}) \tag{5}$$

其中，TE 为投资效率，取值范围为（0，1），TE 越大说明投资效率越高。

早期的学者基本都采用两步法进行研究，即根据模型（3）测算出效率值后，用预测得到的效率值对非效率的影响因素进行回归，得出投资非效率的影响因素，但这种方法关于非效率项的假设是不一致的。为了避免两步法的缺陷，本文采用 Battest 和 Coelli（1995）提出的一步法进行估计，模型为：

$$\mu_{ijt} = \delta z_{ijt} + \varepsilon_{ijt} \tag{6}$$

$$LnOFDI_{ijt} = f(x_{ijt}\beta) + \nu_{ijt} - (\delta z_{ijt} + \varepsilon_{ijt}) \tag{7}$$

（二）变量选取与模型设定

1. 随机前沿引力模型的设定

根据以上理论模型的分析，本文借鉴已有研究成果，选取中国对外直接投资额作为被解释变量，将中国与东道国实际人均 GDP、地理距离、自然资源状况、是否接壤作为影响中国对外直接投资的自然因素引入模型中。构建中国对东盟直接投资的随机前沿引力模型如下：

$$LnOFDI_{ijt} = \beta_0 + \beta_1 LnPGDP_{it} + \beta_2 LnPGDP_{jt} + \beta_3 LnDist_{ij} + \beta_4 Rent_{jt} +$$
$$\beta_5 Contig_{ij} + \nu_{ijt} - \mu_{ijt} \tag{8}$$

其中，t 代表时间，i 代表中国，j 代表东盟国家，ν_{ijt} 代表通常意义上的随机误差项，μ_{ijt} 代表投资非效率项。

$OFDI_{ijt}$ 为中国对东盟国家的直接投资，由于对外直接投资流量数据极易受到多方面特定因素的影响，导致投资流量呈现无规则波动，将其作为被解释变量容易引起回归偏误，为了保证结果的稳健性，本文参考乔晶等（2014）的方法，选择中国对东盟各国的直接投资存量数据，进行价格上的调整并做对数处理，作为被解释变量。$PGDP_{it}$和$PGDP_{jt}$分别代表中国和东盟国家的人均 GDP，按 2010 年美元计价，并做对数处理，用来衡量双方的经济发展程度。$Dist_{ij}$选取北京与东盟各国首都的地理距离，并做对数处理，代表中国与东盟各国的相对地理距离。$Rent_{jt}$代表东盟各国自然资源租金总额占 GDP 的百分比，用来反映东道国的自然资源状况。自然资源租金总额是指石油、天然气、煤炭、矿产、森林等资源的租金之和，自然资源租金越高，表明东道国拥有高额资源租金的自然资源越充裕。如果中国对东盟的直接投资是资源寻求型，资源充裕将促进对外直接投资，如果不是以寻求资源为动机的，它就可能成为中国对外直接投资的负面因素。$Contig_{ij}$代表东道国是否与中国接壤，作为虚拟变量引入模型，接壤取值为 1，反之取值为 0。

2. 投资非效率模型的设定

根据理论模型可知，由于受到人为因素的影响，中国对东盟各国的实际投资水平并没有达到理论的最优水平，即存在着不同程度的效率损失。本文将东道国的法律制度、政治制度和经济制度三个维度作为人为因素引入到投资非效率模型中，用来进一步分析中国对东盟直接投资效率损失的影响因素。构建中国对东盟直接投资的非效率模型如下：

$$\mu_{ijt} = \delta_0 + \delta_1 PR_{jt} + \delta_2 RL_{jt} + \delta_3 PS_{jt} + \delta_4 CC_{jt} + \delta_5 GE_{jt} + \delta_6 TF_{jt} + \delta_7 FSF_{jt} + \delta_8 GS_{jt} + \varepsilon_{ijt} \qquad (9)$$

其中，μ_{ijt}代表投资非效率项，ε_{ijt}代表非效率模型的随机干扰项。法律制度维度，选取东道国的相关法律对产权保护程度 PR_{jt} 和法律法规健全指数 RL_{jt} 来衡量。政治制度维度，选取东道国政治稳定且无暴力或恐怖主义指数 PS_{jt}、腐败控制指数 CC_{jt} 以及政府运行效率指数 GE_{jt} 来衡量。经济制度维度，选取东道国贸易自由度 TF_{jt}、财政自由度 FSF_{jt} 以及政府支出度 GS_{jt} 来衡量，其中政府支出度主要用来反映政府支出占 GDP 的百分比，政府支出越多，东道国的投资基础设施条件可能越优越，越有利于中国企业"走出去"。

（三）样本与数据说明

本文以 2010~2018 年为时间跨度，对东盟十国的变量数据进行筛选，由于文莱的数据缺失较多，因此，本文最终选取的研究对象为新加坡、马来西亚、印度尼西亚、缅甸、泰国、老挝、柬埔寨、越南和菲律宾 9 个东盟国家。表 1 为变量的描述性统计及数据来源。

表 1　变量的描述性统计及数据来源

变量类型		变量符号	变量名称	均值	标准差	最小值	最大值	数据来源
被解释变量		$LnOFDI_{ijt}$	对外直接投资	12.852	0.892	11.169	15.427	对外直接投资公报
自然因素		$LnPGDP_{it}$	中国人均 GDP	8.705	0.171	8.423	8.956	WDI
		$LnPGDP_{jt}$	东道国人均 GDP	8.162	1.215	6.666	10.972	WDI
		$LnDist_{ij}$	地理距离	8.143	0.246	7.754	8.560	CEP II
		$Rent_{jt}$	自然资源租金	5.092	4.088	0.0003	17.988	WDI
		$Contig_{ij}$	共同边界（虚拟）	0.333	0.474	0	1	CEP II
人为因素	法律制度	PR_{jt}	产权保护度	3.508	0.706	1.610	4.589	Heritage Foundation
		RL_{jt}	法律规则指数	−0.238	0.873	−1.548	1.845	WGI
	政治制度	PS_{jt}	政府稳定指数	−0.227	0.812	−1.651	1.615	WGI
		CC_{jt}	腐败控制指数	−0.311	0.962	−1.673	2.180	WGI
		GE_{jt}	政府效率指数	0.069	0.990	−1.618	2.241	WGI
	经济制度	TF_{jt}	贸易自由度	4.326	0.111	4.036	4.500	Heritage Foundation
		FSF_{jt}	财政自由度	4.393	0.213	3.050	4.582	Heritage Foundation
		GS_{jt}	政府支出度	4.442	0.0899	4.197	4.589	Heritage Foundation

三、实证结果与分析

（一）模型适用性检验

为了判别所选模型的适用性及具体形式，本文依次进行了四项似然比检验，具体检验结果如表 2 所示。

第一，对投资非效率是否存在进行判断，步骤一的检验结果显示，LR

统计量大于1%水平的临界值，拒绝了不存在非效率项的原假设，说明中国对东盟直接投资效率适合使用随机前沿引力模型。第二，检验投资非效率项是否随时间变化，如果接受原假设，则使用时不变模型进行估计，如果拒绝原假设，则使用时变模型进行估计。从步骤二的结果可以看出，在1%的水平上拒绝了原假设，即非效率项具有时变性特征，应该使用时变模型进行估计。第三，对变量的选择进行检验，由表2的步骤三和步骤四可以看出，不引入资源租金和接壤的原假设均被拒绝，说明这两个变量应该引入模型。上述检验结果表明，本文设定的随机前沿引力模型是正确合理的。

表2　模型适用性检验结果

步骤	原假设	约束模型对数似然值	无约束模型对数似然值	LR统计量	自由度	1%临界值	结论
一	不存在投资非效率	−36.507	13.798	100.61	3	11.34	拒绝
二	非效率不随时间变化	5.699	13.798	16.20	2	9.21	拒绝
三	不引入资源租金变量	3.711	13.798	20.17	2	9.21	拒绝
四	不引入接壤变量	8.051	13.798	11.49	2	9.21	拒绝

（二）模型估计结果与分析

1. 随机前沿引力模型结果分析

为了检验模型的稳健性，本文将基准模型设定为仅含中国人均GDP、东道国人均GDP和双边距离的引力模型，在基准模型的基础上逐渐加入其他变量，估计结果如表3所示。表3最后两行代表模型（1）和模型（2）相对于模型（3）的似然比检验，从LR检验结果可以判断模型（3）优于其他两个模型，本文将模型（3）作为分析重点。

实证结果显示，$LnPGDP_{it}$和$LnPGDP_{jt}$的系数在1%水平上显著为正，表明提高中国与东道国经济发展水平，能够显著地促进对外直接投资增长。从系数上来看，中国人均GDP每提高1%，中国对东盟的直接投资就增加1.817%，高于东道国人均GDP对直接投资的推动作用。

地理距离（LnDist$_{ij}$）系数在 1% 水平上显著为正，与赵明亮（2017）[①]、屠年松（2019）等学者的研究结论一致，表明地理距离在中国对东盟直接投资中发挥着正面影响。这说明，随着"一带一路"建设的不断推进，东盟各国的交通基础设施的日趋完善，运输技术不断进步，大大降低了运输成本，同时随着金融业的蓬勃发展，对外直接投资的国际结算日益便捷，这些已经抵消了地理距离对投资带来的不利影响，地理距离已不再是阻碍对外直接投资的因素，结果同时也表明，中国对东盟的直接投资已经突破了区位限制。

表3　中国对东盟直接投资前沿水平估计结果

	（1）	（2）	（3）
LnPGDP$_{it}$	2.800 ***	1.602 ***	1.817 ***
	(14.204)	(4.728)	(7.267)
LnPGDP$_{jt}$	0.368 ***	0.550 **	0.571 ***
	(5.333)	(2.508)	(3.979)
LnDist$_{ij}$	1.256 ***	2.779 **	3.129 ***
	(3.704)	(2.512)	(4.003)
Rent$_{jt}$		-0.076 ***	-0.073 ***
		(-4.706)	(-5.013)
Contig$_{ij}$			1.092 ***
			(5.185)
_Cons	-24.294 ***	-26.286 ***	-32.226 ***
	(-8.557)	(-2.941)	(-5.251)
η	0.059 ***	0.042 ***	0.058 ***
	(3.781)	(3.906)	(4.112)
σ²	1.032	1.338	2.194
γ	0.963	0.9810	0.989
σ$_\mu$²	0.993	1.313	2.170
σ$_\nu$²	0.038	0.025	0.024

① 赵明亮：《国际投资风险因素是否影响中国在"一带一路"国家的 OFDI——基于扩展投资引力模型的实证检验》，《国际经贸探索》2017 年第 2 期，第 29 - 43 页。

续表

	（1）	（2）	（3）
N	81	81	81
LR	24.29	20.17	—
p 值	0.000	0.000	—

注：＊＊＊，＊＊，＊分别代表在 1%、5%、10% 水平上显著。

自然资源租金（$Rent_{jt}$）系数在 1% 水平上显著为负，表明中国对东盟的直接投资并不是以资源寻求动机为主的，这主要是由于在东盟各国中经济发展水平高的国家，比如新加坡，自然资源极为匮乏，但较多的投资机会、完善的投资基础以及较好的经济发展环境，已经抵消了自然资源匮乏的弊端，使得投资量反而增加。

接壤（$Contig_{ij}$）系数在 1% 水平上显著为正，表明与中国接壤往往在地理环境、文化、心理等方面与中国具有一定的相似性，因此促进了中国对东盟的直接投资。

时变系数 $\eta = 0.058 > 0$，在 1% 水平上显著，说明随着时间变化投资非效率项递减，投资效率呈上升趋势，同时也进一步证明了采用时变模型的正确性。投资非效率项在随机扰动项中所占的比重 $\gamma = 0.989$，接近于 1，说明中国对东盟的直接投资水平与最优投资水平之间的差距主要是受投资非效率项的影响，这说明了进一步分析投资非效率影响因素的必要性。

2. 投资非效率模型结果分析

根据以上结果可知，投资非效率项对中国对东盟直接投资产生了显著影响，因此，本文对影响投资非效率的主要因素进行进一步的分析。出于稳健性考虑，本文逐渐加入法律、政治及经济制度相关变量，估计结果如表 4 中的模型（1）～（8）所示。本文将表 4 中的模型（1）～（7）与模型（8）进行似然比检验，列于表 4 最后两行，从 LR 检验结果可以判断模型（8）优于其他模型，模型（8）是我们重点分析的对象。

（1）在法律制度中，产权保护度和法律规则系数显著为正，说明东道国的产权保护程度、法律规则都与投资非效率正相关，两者都是阻碍中国对东盟直接投资的主要因素，这也表明，产权保护程度越高、法律法规越完善的国家，中国对其进行直接投资的阻力越大，投资效率损失越大。由此可以看出，目前中国对东盟的直接投资更倾向于法律管制较低，法律法

表 4　中国对东盟直接投资非效率因素估计结果

	(1)	(2)	(3)	(4)	(5)	(6)	(7)	(8)
$LnPGDP_{it}$	2.3893***	2.322***	2.173***	2.236***	2.796***	2.917***	2.905***	3.283***
	(7.908)	(8.224)	(7.788)	(6.067)	(13.168)	(12.244)	(10.260)	(11.220)
$LnPGDP_{jt}$	0.2069***	0.253***	0.609***	0.678	0.433***	0.364***	0.353***	0.112
	(2.791)	(5.285)	(3.263)	(0.508)	(11.758)	(8.130)	(6.975)	(0.590)
$LnDist_{ij}$	1.5037***	1.416***	1.001***	0.582	0.509**	0.493*	0.555**	0.357
	(4.738)	(5.124)	(3.145)	(0.464)	(2.428)	(1.977)	(1.961)	(0.956)
$Rent_{jt}$	-0.1148***	-0.124***	-0.124***	-0.091*	-0.042***	-0.065***	-0.067***	-0.065***
	(-7.572)	(-7.671)	(-8.854)	(-1.864)	(-3.723)	(-4.660)	(-4.087)	(-3.460)
$Contig_{ij}$	1.2112***	1.240***	1.028***	1.023*	0.282**	0.391**	0.398*	0.101
	(5.250)	(6.480)	(4.732)	(1.707)	(2.347)	(2.163)	(1.779)	(0.291)
_Cons	-21.2951	-20.705***	-18.056***	-15.945	-18.654***	-19.068***	-19.388***	-18.291***
	(-0.020)	(-7.000)	(-7.860)	(-6.981)	(-8.080)	(-7.347)	(-6.435)	(-7.481)
μ								
PR_{jt}	-0.1527	-0.700*	-0.179	-0.525	-0.259	-0.142	-0.102	0.438**
	(-0.982)	(-1.715)	(-1.217)	(-0.855)	(-0.893)	(-0.887)	(-0.468)	(2.424)
RI_{jt}		0.433	0.771***	1.833*	1.073	0.919**	0.874	0.845**
		(1.452)	(2.761)	(1.792)	(1.551)	(2.310)	(1.578)	(2.207)
PS_{jt}			-0.375***	-0.499	-0.367*	-0.147	-0.149	-0.271***
			(-4.626)	(-1.243)	(-1.904)	(-1.741)	(-1.568)	(-3.208)

续表

	(1)	(2)	(3)	(4)	(5)	(6)	(7)	(8)
CC_{jt}				-0.672	-2.378***	-1.700***	-1.498***	-0.856***
				(-0.953)	(-4.364)	(-6.592)	(-4.571)	(-3.686)
GE_{jt}					2.196***	1.155***	0.958**	-0.314
					(3.019)	(2.867)	(2.080)	(-1.105)
TF_{jt}						0.042	-0.057	0.918*
						(0.064)	(-0.078)	(1.696)
FSF_{jt}							0.049	0.452*
							(0.166)	(1.663)
GS_{jt}								-3.253***
								(-6.526)
_Cons	0.9403	2.283*	1.002	2.695***	0.013	0.037	0.190	7.819**
	(0.001)	(1.725)	(0.203)	(3.136)	(0.012)	(0.014)	(0.064)	(2.182)
N	81	81	81	81	81	81	81	81
LR	78.71	75.00	59.57	39.39	17.99	24.43	31.80	—
p值	0.000	0.000	0.000	0.000	0.000	0.000	0.000	—

注: ***, **, * 分别代表在1%、5%、10%水平上显著。

规不完善的国家，这也证明了中国对外直接投资所谓的"特殊性"。造成这种现象的主要原因可能是在"一带一路"背景下，中国对东盟的直接投资主要集中在收入较低的国家，而这些国家的法律监管水平往往不高。

（2）在政治制度中，政府稳定和腐败控制系数显著为负，政府效率系数未通过显著性检验，说明东道国的政府稳定及腐败控制与投资非效率负相关，即东道国的政府越稳定，对腐败的控制力度越大，投资阻力越小。也就是说东道国政治稳定性及腐败控制力度的提高，能够显著地降低投资非效率，促进中国对东盟的直接投资，但东道国的政府效率对投资效率没有显著的推动作用。综上可以看出，东道国良好的政治制度能降低投资非效率的阻碍作用，从而提升投资效率。

（3）在经济制度中，贸易自由度和财政自由度的系数在10%水平上显著为正，说明这两个变量与投资非效率正相关，是投资的阻碍因素。东道国的贸易、财政自由度越高，贸易对投资的替代效应越强，企业更愿意以出口方式提供产品或服务，从而导致投资效率损失越大，在一定程度上阻碍了中国的直接投资。政府支出度的系数显著为负，说明东道国的政府支出度与投资非效率负相关，即东道国加大政府支出，比如在基础设施等方面加大投入力度，能够显著地减少投资效率的损失。

（三）投资效率分析

直接投资效率的高低反映了实际投资偏离随机前沿水平的程度。在上述实证分析的基础上，本文进一步测算了2010～2018年中国对东盟各国直接投资的效率。如图1所示。

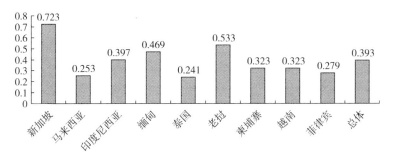

图1　2010～2018年中国对东盟直接投资效率均值

从总体看，2010～2018 年中国对东盟的直接投资效率均值为 0.393，这表明中国对东盟的直接投资存在较多的投资效率损失，但从另一角度看，这表明未来的投资潜力较大。2010 年以来，在中国—东盟自贸区以及"一带一路"等政策优势下，中国对东盟国家的直接投资在数量上显著提高，但人为因素对中国的直接投资形成了投资阻力，制约了中国的直接投资效率。

从国别来看，2010～2018 年，投资效率最高的是新加坡，均值达到 0.723，最低的是泰国，均值仅为 0.241，即中国对东盟直接投资效率存在较大的国别差异。新加坡是东盟国家中经济发展水平最高的国家，且地理位置优越，中国对新加坡直接投资范围广，新加坡国内基础设施完善，政治、经济环境好，这些都为促进投资效率充分发挥起到了重要作用。老挝和缅甸的投资效率分别是 0.533 和 0.469，位居第二和第三，两国与中国接壤，有良好的地缘优势，且处于经济腾飞阶段，基础设施建设需求较大，在优化国内投资环境的同时，加大外资引进力度，具有较强的资本吸引力；而印度尼西亚政府通过不断优化税收政策、推出《投资负面清单》等鼓励政策，进一步支持资本和劳动力密集型产业发展，因此三国的投资效率保持在均值以上水平。而菲律宾、马来西亚和泰国的投资效率较低，都处于 0.3 以下。

在此基础上，按照世界银行的分类方式，将样本国分为高等收入、中高等收入和中低等收入国家三个组别。同时加入时间维度分析投资效率的变化趋势。其中，新加坡为高等收入国家，马来西亚和泰国为中高等收入国家，其余国家均为中低等收入国家。

如图 2 所示，中国对高收入国家的投资效率最高，且呈持续上升趋势，由于高收入国家只有新加坡，而新加坡在各方面的优势明显，因此投资效率最高。本文重点比较中高等收入国家与中低等收入国家的投资效率差异，由图 2 可以看出，中国对中低等收入国家的直接投资效率始终高于中高等收入国家，这些国家的国内经济飞速发展阶段，与中国存在着产业互补，需要大规模的基础设施建设投资，所以中国对"一带一路"沿线国家的投资更加重视中低等收入的国家。中高等收入国家的直接投资效率较低，一直处于均值以下，主要原因可能是受金融危机及复杂的全球经济环境的影响，这些国家在保护国内产业和市场准入方面有一些限制性措施，同时受发达国家资本与技术涌入的竞争影响，在一定程度上阻碍了投资效率的提高，这也表明中国应加强与中高等收入国家的投资合作，从而进一步开发中国与这些国家的投资潜力。从效率均值变动趋势看，三种经济发展水平国家的投资效率均呈上升的趋势，这表明中国对东盟直接投资效率不断趋于稳定，投资布局正逐步调整与改善。

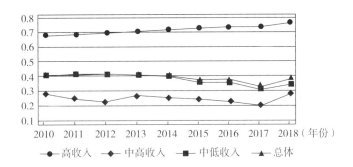

图2　中国对东盟不同经济发展水平国家的直接投资效率均值

（四）投资潜力分析

由于投资效率存在着差异性特征，本文进一步测算了中国对东盟的投资潜力。在得出投资效率的基础上，通过模型（5）得出中国对东盟各国直接投资的"前沿值"，"前沿值"与实际投资额之差即为投资潜力，如图3所示。

图3　中国对东盟不同经济发展水平国家的直接投资潜力

从整体变动趋势上看，中国对三种经济发展水平国家的投资潜力均呈上升趋势，这说明中国对东盟的直接投资仍有较大的提升空间。从时间维度来看，2010～2014年，中国对东盟的直接投资潜力，在不同经济发展水平国家间较为接近，在2014年以后，中国对中等高收入国家的直接投资潜力增长幅度最大，这也从侧面说明在"一带一路"建设和中国经济高质量发展的关键时期，提高对东盟中等高收入国家的投资数量与质量，进一步挖掘这些国家的直接投资潜力，将有助于实现中国对外直接投资的提质增效。

四、结论与建议

（一）结论

本文基于2010～2018年中国与东盟的面板数据，建立时变随机前沿引力模型，从东道国多维制度角度实证分析了中国对东盟直接投资前沿水平的影响因素以及造成投资效率损失的主要原因，并在此基础上进一步测算了中国对东盟直接投资效率及投资潜力。主要结论如下：

第一，中国与东道国的人均GDP能够显著刺激中国对东道国的直接投资增长；随着运输技术进步和国际结算的日益便捷，地理距离已不再是阻碍对外直接投资的因素；中国对东盟直接投资与自然资源租金负相关，与是否拥有共同边界正相关。

第二，在法律制度中，产权保护度和法律规则与投资的效率损失显著正相关，对直接投资效率有一定的阻碍作用。在政治制度中，东道国政府稳定性和腐败控制力度的加大，可以显著地降低投资非效率的阻碍作用，促进中国对东盟的直接投资，但政府效率对投资效率的影响不显著。在经济制度中，东道国的贸易及财政自由度会阻碍投资效率的提高，而东道国政府支出的增加，会显著地促进投资效率的提高。

第三，从整体看，中国对东盟直接投资效率不高，效率均值仅为0.393。从国别来看，投资效率最高的是新加坡，均值达到0.723，最低的是泰国，均值仅为0.241。从动态演变趋势来看，中国对中低等收入国家的直接投资效率始终高于中高等收入国家，对高收入国家的投资效率最高，三种经济发展水平国家的投资效率均呈上升的趋势。

第四，中国对三种经济发展水平国家的投资潜力均呈上升趋势，其中对中等高收入国家的直接投资潜力增长幅度最大，表明中国对东盟的直接投资效率仍有较大的提升空间。

（二）对策建议

第一，由实证结果可以看出，中国对东盟国家的直接投资已突破资源禀赋及地理距离因素限制，经济发展水平高、投资机会多、投资环境好的国家，即使自然资源匮乏，与中国的地理距离较远，仍然会促使中国投入更多的资金。因此，在选择投资区位时，要正确审视这些影响因素，综合考虑东道国的投资环境、产业结构、基础设施以及制度条件等因素，因地制宜，通过优化投资产业结构以及区位布局，提升投资效率。

第二，东道国的不同制度维度对投资效率的影响存在一定的差异性，因此，中国在对东盟进行对外投资过程中，要客观评估东道国不同维度下制度环境在对外直接投资过程中可能产生的影响。由于一些东盟国家市场机制不够完善，法律和制度建设执行存在一定的问题，政治稳定面临诸多不确定因素。因此，从政府层面来看，首先，应稳固与东盟各国的政治关系，为企业提供相关政策支持，促进与东盟各国的高层互动与合作，增进两国之间的理解与互信，减少对投资的负面影响，为企业争取更多的投资机会。其次，政府部门应及时收集东道国关于制度环境、投资政策等方面的信息，对企业进行投资决策指导。从企业层面来看，企业应充分了解东道国的制度因素可能带来的效率损失，主动采取措施规避法律、政治及经济风险，有效提高中国对东盟各国的直接投资效率。重点考虑对政治相对稳定，引资环境相对宽松，与中国经济及产业发展互补性较强的国家进行投资。

第三，与中国拥有共同边界往往在地理环境、文化、心理等方面与中国具有一定的相似性，在直接投资方面具有一定优势，促进了中国对东盟的直接投资。因此，中国企业应通过开展多种形式的文化交流，采取灵活的投资方式，积极承担社会责任，树立良好的企业形象，主动融入当地社会以减少投资阻碍，提高投资效率。

第四，东盟国家经济发展水平提高能显著促进我国对东盟的直接投资，因此中国应适度扩大对中等高收入及中等低收入国家的投资，特别是基础设施投资，这不仅能促进东道国经济发展水平的提升，还可以减少中国对东盟直接投资的效率损失，挖掘投资潜力。

Research on the Efficiency and Potential of China's Direct Investment in ASEAN

—Based on the Perspective of Multi – Dimensional System

Cui Riming   Li Dan   Wang Qiuyi

Abstract   Based on the stochastic frontier gravity model, this paper studies the investment efficiency and potential of China's FDI to ASEAN in 2010 – 2018 from the perspective of host country's multi – dimensional system. The results show that the degree of property rights protection, rule of law, trade freedom and financial freedom are the obstacles to China's direct investment in ASEAN, while the political stability, control of corruption and the government expenditure are the promotion factors of China's direct investment in ASEAN. Due to the existence of investment inefficiency, the efficiency of China's direct investment in ASEAN is not high, the average efficiency is only 0.393, and there are differences between countries. However, from the perspective of dynamic evolution, the efficiency and potential of China's direct investment in ASEAN are on the rise. Objective assessment of the host country's institutional environment, optimization of investment location, moderate expansion of infrastructure investment in middle and high – income and low – income countries, reasonable guidance of industrial transfer, and active integration into local society will contribute to the improvement of the quality and efficiency of China's direct investment in ASEAN.

Key Words   ASEAN; Investment efficiency; Investment potential; Stochastic frontier gravity model

Authors   Cui Riming, Graduate School of Liaoning University, Executive Vice President, Professor, Ph. D. , and Doctoral supervisor; Li Dan, School of Economics, Liaoning University, Ph. D. Candidate; Wang Qiuyi, School of Economics, Shenyang University of Technology, Undergraduate.

附　录
Appendix

中国—东盟区域发展省部共建协同创新中心简介

　　中国—东盟区域发展省部共建协同创新中心（以下简称"中心"）由广西壮族自治区人民政府主导，联合中共中央对外联络部、外交部、商务部、中国农业银行，由广西大学牵头，协同国内外重点高校、重要科研院所共同组建。中心以打造"国家急需、世界一流、制度先进、贡献重大"的中国特色新型高校智库为目标，致力于发展中国—东盟领域政治、经济、国防、外交等重大问题的合作与创新研究，培养"东盟通"特殊人才，服务"一带一路"等国家倡议。

　　中国与东盟的合作虽然取得了巨大的成就，但随着外部环境和外生因素的变化，新问题也层出不穷，严重影响和制约着中国与东盟国家在政治和经济领域的合作与发展。为加强对中国—东盟区域发展重大理论与实践问题的综合研究，为中国—东盟命运共同体建设、中国—东盟关系发展提供理论支持、政策咨询和人才支持，中心于2015年3月15日在北京举行了第二轮组建签约（见附图1）。

　　第二轮组建签约后的中国—东盟区域发展省部共建协同创新中心由28个单位构成。主要包括牵头单位广西大学，核心单位10家（云南大学、暨南大学、南开大学、对外经济贸易大学、西南交通大学、中国人民解放军国防大学战略研究所、中国社会科学院亚太与全球战略研究院等），支撑单位6家（外交部亚洲司、外交部政策规划司、商务部亚洲司、商务部国际贸易经济合作研究院、中共中央对外联络部当代世界研究中心、广西壮族自治区人民政府办公厅），成员单位11家〔南京大学商学院、外交学院亚洲研究所、中央财经大学金融学院、中国人民大学国际关系学院、厦门大学东南亚研究中心、中国—东盟商务理事会、安邦咨询公司、东中西区域改革和发展研究院、广西国际博览事务局（中国—东盟博览会秘书处）、广西金融投资集团、中马钦州产业园区管委会]。

附图1　中国—东盟区域发展省部共建协同创新中心组建签约仪式

中心依据《理事会章程》要求，围绕中国—东盟命运共同体间"讲信修睦""合作共赢""开放包容"的建设目标，秉承"精简、高效"的原则，实行理事会领导，学术委员会对学术问题把关的中心主任负责制。目前，中心共有49支229人的研究团队，分别由协同创新中心主任、首席科学家担任主要负责人，分布在10个协同创新平台中。发展培育期间，中心已产出了200多项应用成果和400多项高水平理论成果。这些成果均具有重要的经济和社会效益，为政府制定有关中国—东盟区域发展的重大项目决策提供了理论依据和支持，也为我国现代化建设、经济理论创新和话语体系构建做出了贡献。

1. 发展目标

中国—东盟区域发展省部共建协同创新中心的建设，将以国家和东盟区域发展的重大需求为导向，以中国—东盟全面战略合作伙伴关系发展中的重大协同创新研究任务为牵引，以服务中国—东盟区域发展实践和理论创新重大需要为宗旨，提升科研、学科、人才"三位一体"创新能力，优化国际问题研究，全方位创新环境，努力将中心建设成为集科学研究、学科建设、人才培养、智库建设、体制创新于一体，世界一流的区域发展理论创新高地、政策咨询智库和人才培养基地，打造中国高校特色新型智库，使中国—东盟区域发展省部共建协同创新中心成为具有国际重大影响的学术高地。

• 科学研究

世界一流的区域发展理论创新高地。中心在中共中央对外联络部、外交部、商务部和广西壮族自治区人民政府的共同支撑下将在科研方面不断实现创新。建立知识创新机制、体制创新机制，营造有利于协同创新机制形成的环境和氛围，打造中国高校特色新型智库。

• 学科建设

建成中国—东盟区域发展国家特色学科。在研究过程中，中心将凝练学科方向、汇聚学科队伍，构筑学科基地，制定学科建设规划，创新研究成果，形成新学科课程体系，有计划地举办全国或国际学术会议、接受国内外同行研究人员参与相关项目研究，发挥对外学术交流窗口的作用，努力将创新中心建成本学科的全国学术交流和资料信息高地。

• 人才培养

国际知名的创新型人才培养基地。建立了"7校2院、2央企"的协同机制，并有5所高校作为成员单位加入，可实现人才培养"需求与供给"对称，建立跨国家、跨学科、跨学校、跨领域的人才培养平台。

• 智库建设

国际著名的中国特色新型智库。中国—东盟区域发展省部共建协同创新中心科研团队的组建涉及党、政、军、学、研、企各行业，既有理论研究人员，又有实践部门的案例支持，科研成果的决策应用性将更加突出"政、产、学、研、用"一体化试验田。机制创新、制度创新作为协同创新中心建设的关键，可以为人文社科领域科学研究开设试验田，在探索高等学校科研体制改革方面发挥示范和辐射作用。

2. 代表性成果

协同机制建立以来，中国—东盟区域发展省部共建协同创新中心的牵头单位和协同单位共承担东盟研究领域的各级科研项目 316 项，其中，国家社会科学基金项目 55 项，国家自然科学基金项目 24 项，中央部委课题委托 55 项；产出学术著作 191 部，学术论文 837 篇；200 多项应用成果被党和政府采纳；取得获奖科研成果 63 项。

3. 平台与研究团队集成

中国—东盟区域发展省部共建协同创新中心围绕"讲信修睦""合作共赢""守望相助""心心相印""开放包容"中国—东盟命运共同体目标，加强 10 个创新平台建设。协同机制形成后，将集中形成 6 个研究团队。这 6 个研究团队共包括 49 支研究团队，分别由协同创新中心主任、首席科学家担任主要负责人，分布在 10 个协同创新平台。

中心打破协同单位原有界限，实行"校校协同""校院协同""校所协同"，以课题和任务为纽带，形成"你中有我、我中有你"的紧密型合作。为了充分调动协同单位的积极性和创造性，增强责任感，充分发挥协同高校在基本理论研究、人才培养、学科建设方面的优势，中共中央对外联络部、外交部、商务部和广西壮族自治区人民政府、中国社会科学院在科学研究、政策咨询方面的优势，以及中国农业银行、国家开发银行在现实案例、数据库建设方面的优势，我们对各协同单位在建设中的分工都有所侧重。

广西大学国际学院简介

广西大学国际学院成立于 2018 年 6 月。由原中国—东盟研究院、东盟学院、中加国际学院、国际教育学院、广西大学复杂性科学与大数据技术研究所 5 个单位整合而成。作为广西大学最年轻的学院之一，国际学院承担着实施广西大学国际化战略的重要任务。目前，国际学院主要负责广西大学与美国、法国、加拿大等国知名大学的交流与合作。项目包括：中加国际学院、中美"3 + 1"本科、中美"3 + 1 + 1"本硕连读、中法"1. 5 + 3. 5"本科等。同时，学院还负责全校留学生的招生与管理、对外汉语教学等国际教育事务。

国际学院的发展得到了学校的高度重视。广西大学副校长范祚军教授兼任首任院长，覃成强教授担任学院党总支首任书记，中国社会科学院亚太与全球战略研究院王玉主研究员担任执行院长。

国际学院由 3 个系和 2 个研究院组成，即对外汉语系、国际合作教研系、英语与东南亚语言系、中国—东盟研究院和中国—东盟信息港大数据研究院。中国—东盟研究院成立于 2005 年，其前身是广西大学东南亚研究中心。重组后的中国—东盟研究院设立 10 个国别研究所、若干专业研究所以及中国—东盟舆情监测中心。中国—东盟信息港大数据研究院成立于 2018 年 9 月，由广西大学校属研究机构"广西大学复杂性科学与大数据研究所"、中国—东盟研究院的"中国—东盟全息数据研究与资讯中心"与中国—东盟信息港股份有限公司、中国科学院等单位整合而成。教学辅助机构和行政机构则包括党政办公室、发展规划与国际合作办公室、外事办公室、学生管理办公室、教学科研服务中心和创新发展中心。学院师资力量较强，知识结构合理，梯队整齐，拥有教职工 133 名，其中中方教职工

119 名，外籍教师 14 名；在读学生 758 名，其中研究生 39 名，本科生 719 名，留学生 2267 名，招生规模特别是留学生数量呈逐年递增趋势。

国际学院是广西大学国际化的窗口。学院结合区域发展趋势，坚持特色化办学、国际化发展的定位，不断融合先进办学理念，创新人才培养模式，为区域社会经济文化发展服务，利用自身国际化水平以及科研平台优势，向建设一流学院不懈努力。

广西大学中国—东盟研究院简介

广西地处中国面向东盟开放的前沿地带，具备与东盟国家陆海相邻的独特优势，正积极构建面向东盟的国际大通道，打造西南中南地区开放发展新的战略支点，形成"一带一路"有机衔接的重要门户。习近平、李克强等党和国家领导人曾多次作出重要指示，肯定广西在中国—东盟合作中的重要地位，并明确要求广西要积极参与中国—东盟自由贸易区、泛北部湾合作、GMS 次区域合作，充分发挥中国—东盟自由贸易区前沿地带和"桥头堡"作用。2005 年，时任自治区党委书记刘奇葆作出指示，"要加强对东盟的研究，找到合作的切入点，认真做好与东盟合作的战略规划，提出行动计划。"时任自治区党委副书记潘琦、时任自治区人民政府常务副主席李金早批示，批准广西大学联合广西国际博览事务局，整合全区高校和相关部门的研究力量，在原广西大学东南亚研究中心（1995 年成立）的基础上，成立中国—东盟研究院，为正处级独立建制，以东盟经济问题为切入点，研究中国—东盟双边贸易以及 CAFTA 建设中的重大理论、政策及实践问题，并在此基础上辐射至中国—东盟关系研究。

2005 年 1 月中国—东盟研究院成立时，下设中国—东盟经济研究所、中国—东盟法律研究所、中国—东盟民族文化研究所，主要研究方向涉及中国—东盟关系及东南亚国家的经济、法律、文化及民族等方面的问题。为适应中国—东盟关系的发展变化，2011～2013 年中国—东盟研究院进一步细化研究领域，强化研究深度，调整运行架构，将机构设置增加、调整为 10 个国别研究机构（越南、缅甸、老挝、泰国、文莱、新加坡、马来西亚、印度尼西亚、菲律宾、柬埔寨 10 个国别研究所）和 10 个专业研究机构（中越经济研究院、广西大学 21 世纪海上丝绸之路研究中心、澜沧江—湄公河经济带研究中心、中国—东盟产业发展与生态环境研究中心、国际关系研究所、民族与文化研究所/骆越文化研究中心、法律研究所、中马产业园研究中心、中国—东盟战略研究所、中国—东盟财政金融政策研究中心），并启动建设中国—东盟研究国际在线研讨平台和中国—东盟全息数据研究与咨询中心，强化科研基础设施建设。

2013年6月1日，中共中央委员、广西壮族自治区党委书记、自治区人大常委会主任彭清华同志就中国—东盟重大课题研究和中国—东盟研究团队、研究机构的建设与发展作出重要指示："广西大学中国—东盟研究院，在高校里很有特色，有独特的地位。广西在中国—东盟关系里面，不管是一个桥头堡还是一个开放前沿，都有一个独特的区位优势，我们把广西大学中国—东盟研究院办好，加强科研团队建设，有利于更好地发挥广西在发展中国—东盟合作关系中的作用。中国—东盟研究团队多年来积累了一些研究成果，对我们今后更务实、有效地改进中国—东盟、广西—东盟的关系很重要，希望继续把它做好。"

近年来，中国—东盟研究院以"长江学者""八桂学者"为重点目标，以"特聘专家"等方式引进国内外高校及研究机构的科研骨干，跨学科交叉组建研究团队。经过长期建设发展，中国—东盟研究院已成为全国从事东盟领域研究人数最多的机构之一：现有优秀科研人员共121人，其中专职人员42人，校内兼职人员79人（科研管理与考核在研究院，教学在其他学院），教授（研究员）共有45人。专职人员中拥有国家"百千万"人才工程人选1人、国家级有突出贡献中青年专家1人，教育部"新世纪优秀人才"2人、"八桂学者"1人、广西新世纪"十百千"人才工程第二层次人选3人、享受政府特殊津贴专家2人、广西高校百名中青年学科带头人4人、广西高校优秀人才3人。校内兼职人员中，院士1人、长江学者2人、中国科学院百人计划人选1人、全国教学名师1人。校外兼职研究人员61人，国外合作研究人员9人。

目前，中国—东盟研究院作为"自治区人文社科重点研究基地"，牵头建设中国—东盟区域发展省部共建协同创新中心，实施"中国—东盟战略伙伴关系研究'部、省、校'协同创新工程"，争取"中国—东盟区域发展省部共建协同创新中心"进入国家级协同创新中心行列。在此基础上，中国—东盟研究院拟申报"教育部人文社会科学重点研究基地"，未来将为中国—东盟关系领域的全面研究提供更广阔的平台。

广西大学中国—东盟研究院立足地缘和区位优势，研究中国—东盟双边贸易以及 CAFTA 建设中的重大理论、政策及实践问题，在国内乃至东盟国家有重要影响。以广西大学中国—东盟研究院为主要建设载体的"中国—东盟经贸合作与发展"211 重点建设学科群已经成为广西该领域独占鳌头的强势学科，主要学科（专业）建设或研究方向已经达到国内领先水平。

1. 中国—东盟关系发展战略、合作机制与规则研究

以教育部重大攻关项目"推进一带一路海上丝绸之路建设研究"，国家社会科学基金项目"中国—东盟关系中政治与经济互动机制研究""《东盟宪章》《东盟经济共同体蓝图》等文件生效后的中国—东盟合作关系研究"等国家级项目为研究平台，以中国—东盟自由贸易区（CAFTA）发展进程为主线，涵盖中国—东盟合作及其影响因素（涉及地缘关系与政治、经济、民族文化、管理等方面）、中国—东盟自由贸易区（CAFTA）推进策略、CAFTA 各成员国国别政策研究、中国—东盟关系发展趋势、南中国海问题等。该研究方向涉及政治学、经济学、法学、管理学、文学五大学科门类 11 个二级学科，突出学科交叉协同研究的组合优势，研究成果直接服务于中国—东盟关系发展战略的制定与实施。

2. 中国—东盟经贸合作与区域经济一体化研究

以教育部哲学社会科学研究重大课题攻关项目"中国—东盟区域经济一体化研究"、国家社会科学基金重点项目"中国—东盟旅游与贸易互动关系研究"、国家社会科学基金项目"中国—东盟自由贸易区成员国宏观经济政策协调理论研究"、"中国西南地区与东盟区域农业合作研究"等国家级项目为研究平台，将主要研究中国—东盟经贸合作细分领域、合作策略、推动战略，研究中国—东盟区域经济一体化进程及其影响因素，研究解决中国—东盟区域经济一体化建设的理论关键问题以及理论和实践相结合的现实问题。该研究方向是广西大学东盟研究领域传统优势的再持续，涉及应用经济学、理论经济学、国际关系学等多个学科，突出多校联合和部校联合的创新协同优势，研究成果直接服务于中国—东盟自由贸易区的推进和深化、中国—东盟博览会、中国—东盟商务与投资峰会。

3. 中国—东盟产业合作、资源综合利用与生态保护研究

以国家社会科学基金重大项目"CAFTA 进程中我国周边省区产业政策协调与区域分工研究"、国家自然科学基金项目"自由贸易与跨境通道对

地缘经济区的重塑——基于 C－P 模型的实证研究"等国家级项目为研究平台，研究中国—东盟产业合作与协调的相关政策、产业分布与资源要素禀赋、产业成长与资源综合利用以及与之相关的环境生态等问题。本研究特色在于文、理、工、农多学科交叉，实现自然科学与社会科学的有机结合。本研究团队会集了院士、"长江学者"、"八桂学者"等高端人才，横跨文科与理工科两大截然不同的领域，证明人文社会科学与理工农科相结合确实能够实现效益倍增，科研成果充分体现部、省（自治区）、校协同研究服务地方经济发展的协同创新优势。

广西大学中国—东盟研究院获得全国东盟研究领域第一个教育部哲学社会科学研究重大课题攻关项目和第一个国家社科基金重大项目，建立了广西人文社会科学研究的里程碑，成为中央有关部委、自治区党委、政府及其相关部门、地方各级党委、政府的重要智囊单位，研究成果或入选教育部社会科学委员会专家建议、中共中央对外联络部、教育部内参和成果摘报，或获得党中央、国务院和自治区主要领导批示，在学术界和社会上有较大的影响，居国内领先水平。

展望未来，中国—东盟研究院将本着跨学科、跨区域、跨国家的开放式研究平台建设思维，整合国内外该领域研究力量，创新科研团队形成机制，融合政治学、历史学、民族学等多个边缘学科，研究中国—东盟关系问题，并扩展到跨国界区域性国际经济合作理论与实践问题。"中国—东盟区域发展"作为应用经济学一级学科的新设二级创新学科，以博士点和硕士点建设为契机，以"中国—东盟关系与区域发展"作为研究对象，试图形成完整的中国—东盟关系研究多学科互动研究体系，使本研究团队的理论研究具有前沿性、基础性、支撑性。

《中国—东盟研究》 征稿启事

一、来稿要求作者严格遵守学术规范，引用的文献、观点和主要事实必须注明来源。独著或第一作者原则上应该具有副高及以上职称或具有博士学位。来稿一般不超过 15000 字为宜。来稿一经录用，我们将视情给予稿酬。

二、为规范排版，请作者在投稿时一律采用 Word 格式，严格按照以下要求：

1. 论文要求有题名（中英文）、内容摘要（中英文、200 字以内）、关键词（中英文、3~5 个）、作者简介（中英文）。

2. 基金项目和作者简介按下列格式：

【基金项目】：项目名称（编号）。

【作者简介】：姓名、工作单位、职务、职称、所在城市、邮政编码和联系方式（电子信箱和手机号码）。

3. 文章一般有引言和正文部分，正文部分用一、（一）、1、（1）编号法。插图下方应注明图序和图名。表格应采用三线表，表格上方应注明表序和表名。正文为五号宋体，题目三号宋体加粗，一级标题四号宋体加粗，二级标题小四宋体加粗，行间距 1.25 倍行距，脚注小五号宋体。

4. 引文注释均采用页下注（脚注）形式列出，参考文献不再列出。一般应限于作者直接阅读过的、最主要的、发表在正式出版物上的文献，具体参见附件"《中国—东盟研究》引文注释规范"。

三、文责自负。本刊实行匿名评审制度，确保论文质量。在尊重原作的基础上，本刊将酌情对来稿进行修改，不同意者请在来稿中说明。凡投稿两个月内未接到任何采用通知，作者可另行处理。切勿同时一稿多投。

四、为适应我国信息化建设，扩大本刊及作者知识信息交流渠道，本刊已被《中国学术期刊网络出版总库》及 CNKI 系列数据库收录，其作者文章著作权使用费与本刊稿酬一次性给付。免费提供作者文章引用统计分析资料。如作者不同意文章被收录，请在来稿时向本刊声明，本刊将做适当处理。

五、未尽事宜由《中国—东盟研究》编辑部负责解释。

投稿电子邮箱：zg – dmyj@ gxu. edu. cn；电话：0771 – 3232412

著作约定与声明

如无特别声明或另行约定，来稿一经刊用，即视为作者许可本刊使用该稿件的专有发表权、发行权、复制权、网络传播权等。凡在本刊发表的文章获奖或被其他报刊转载、摘登等，请及时通知本刊编辑部。本刊允许转载、摘登和翻译，但必须注明出处，否则视为侵权。

《中国—东盟研究》编辑部
2019 年 9 月

附件：《中国—东盟研究》引文注释规范

1. 中文注释

对所引用的文献第一次进行注释时，必须将其作者姓名、文献名、出版社、出版时间、所属页码一并注出。具体格式举例如下：

（1）专著

王子昌：《东盟外交共同体：主体及表现》，北京：时事出版社 2011 年版，第 109 – 110 页。

（2）译著

（美国）汉斯·摩根索：《国家间的政治——为权力与和平而斗争》，杨岐鸣等译，北京：商务印书馆 1993 年版，第 30 – 35 页。

（3）论文

徐步、杨帆：《中国—东盟关系：新的起航》，《国际问题研究》2016 年第 1 期，第 35 – 48 页。

2. 外文注释（以英文为例）

同中文注释的要求基本一致，只是论文名用引号，书名和杂志名用斜体。具体格式举例如下：

（1）专著

Robert O. Keohane and Joseph S. Nye，*Power and Interdependence*：*World Politics in Transition*，Boston：Little Brown Company，1997，p. 33.

（2）论文

Amitav Acharya，"Ideas，Identity and Institution – Building：From the 'ASEAN Way' to the 'Asia – Pacific Way?'"，*The Pacific Review*，Vol. 10，No. 3，1997，pp. 319 –346.

（3）文集中的论文

Steve Smith，"New Approaches to International Theory"，in John Baylis and Steve Smith eds.，*The Globalization of World Politics*，Oxford：Oxford University Press，1998，pp. 169 –170.

3. 互联网资料注释

互联网资料格式参照以上中英文注释的要求，同时需要注明详细的网址以及登录时间。

（1）中文资料

许宁宁：《中国与东盟走过了不平凡的 20 年》，新浪财经网，2011 年 7 月 28 日，http：//finance. sina. com. cn/g/20110728/151310223248. shtml，登录时间：2015 年 9 月 6 日。

（2）英文资料

Richard Heydarian，"Japan Pivots South，with Eye on China"，*The Asia Times Online*，January 26，2013，http：//www. atimes. com/atimes/Japan/OA26Dh01. html，登录时间：2015 年 12 月 22 日。